レイオフ

日本を救う人材流動性

田中健彦

Tanaka Takehiko

風詠社

まえがき

その日、48歳の私は、朝から緊張感に包まれていた。場所は、カリフォルニア州サンノゼにある、小さなパソコン会社だ。今日は部下で課長のバートに解雇を申し渡す日なのだ。それは人事課長のサンドラの仕事だと思い込んでいたが、彼女には、「いいえ、田中さんが実行するべき仕事です」と冷たく言い放たれてしまった。

小さな会議室にバートを呼び出した。テーブルのこちら側には私とサンドラが座る。そこへ長身のバートが「何事ですか」という表情で入ってきた。彼が着席すると、私は自分の仕事を始めた。

「バート、あなたはタブレットPCの周辺機を調達するという大切な仕事を失敗しましたね。タブレットPCの出荷ができなくなり、会社は大きな損失をこうむりました。よって、あなたを解雇します」

その瞬間、バートの顔面は紅潮し、目には怒りの火が燃えさかった。

「それを言うなら、部長であるあなたにも責任があるじゃないですか！」

この会社はわずか150名のシリコンバレーのベンチャー会社だった。日本の大手コンピュータ会社が、パソコン事業の海外展開のために、これを買収して子会社にした。そこへ私が出向してきて、技術部の部長をやることになったのだ。任務は、海外市場にぴったりと合うような周辺機を開発、調達して、米国と欧州に売ることだ。バートはとても人柄が良い課長で、20名ほどの部下にも人気があった。ただ、技術力や、とことんやりぬく粘りに欠けていて、大切な周辺機がいつまでたっても完成しないのだ。営業やマーケティングのスタッフからは、大ブーイングが飛んだ。あんな奴を使っているからおかしくなるんだ。あいつと一緒に沈没するのは御免だ、などと言われ始めて、もうかばいきれない。このシリコンバレーには、もっと優秀な人材がゴロゴロと居るはずなのだ。

そこで、人事のサンドラと相談して、バートを解雇することにした。米国では、仕事に失敗したスタッフを解雇するのは、比較的簡単なことだ。ただ、下手をすると、反抗されて、部下たちを一斉に辞めさせるとか、大切なドキュメントを破壊されることもある。そこは要注意だ。

バートから「あなたにも責任があるでしょう!」と反論された瞬間、どうしようかと思った。だが、つぎの瞬間に、覚えたばかりの英語のフレーズが口に出た。「That's duly noted.」つまり、「あなたの言い分は聞き置きます」だ。ここで言い争いになると、グズグズになってしまう。バートは一瞬、沈黙した。そのタイミングをサンドラが待ち構えていた。「はい、あなたのサバランスパッケージは、これです」と書類を見せた。サバランスパッケージとは、解雇になったときの一連の補償サービスだ。次の2か月間は給料が支給される。ただし会社に反抗的な態度を取ってはならない。

バートは書類を目で追い、「フーン、悪くないですね」と言った。彼もある程度は、この事態を予想していたのだ。すばやくそこに署名をさせた。そして、会社の入館カードを取り上げ、裏口からガードマンによって外に出した。

その間、わずか20分だ。「ああ、終わった」。私は全身から力が抜けるような気がした。サンドラが言った。「田中さん、あの Duly noted は、パーフェクトでした。私なら、あいつの顔にパンチを浴びせていたところです」。

＊＊＊＊

今、日本は世界の中で置き去りにされ、まるでタイタニック号のように、緩やかに沈没を始めているようだ。バブルがはじけて以来、30年間も経済は沈滞し、給料が上がらず、ＧＤＰは世界第2位からずるずると落ちて、中国やドイツにも抜かれる。かつては世界の家電業界を席巻し、ジャパンアズナンバーワンと言われたが、いまや家電は、韓国と中国に席巻された。産業のコメである半導体は、かつては日本のお家芸だったが、現在では圧倒的に台湾に追い越され、苦境に陥った日本企業は、台湾の資本に買われる始末だ。

人々の生活面でもこの沈滞は明らかだ。世界幸福度ランキング（ＳＤＳＮによる）で、日本はかつてはトップだったのに、近年は低迷している。２０２４年度はなんと１３７か国中の51位だ。なぜフィンランドは7年も連続して1位なのか（私はフィンランドに1年半ほど生活したから、その理由がよく分かる）。なぜ日本では英語を話せる人がアジア諸国より少なくて、女性の社会進出は世界で最低なのか。なぜ日本では、アップルとか、アマゾンのように、最初は小さな企業でも、その後世界を圧倒するような企業が生まれないのか。なぜ日本の少子化は止まらないのか。どうして日本の若者は、かつてのように米国に留学しようとしないのか。彼らはなぜ、そういう面倒なことを避けようとするのか。

多くの経済学者たちは、それを少子高齢化とか、消費の伸び悩みとかに帰している。私はそれだけとは思わない。ちょっとしたことで、日本は線路を誤ったのだ。バブル期にあまりにも成功したために、日本のいままでのやり方でこの先もずっとうまく行くと思い込んだのだ。

日本は、まだまだ世界から学ぶことが多い。たとえば、ジョブ雇用とか、年功序列制度の廃止などは、非常に有効な手段だ。でも、日本のほとんどの人は、「ジョブ雇用」とは具体的に、何かをまったく理解していない。

私は、大手コンピュータ会社でエンジニアをやったあと、46歳で米国の子会社に出向を命じられ、それから米国に5年、そのあとフィンランド、英国、ドイツに合計5年間勤務した。その経験を生かして、リタイア後はビジネス翻訳家と、「働き方改革」の作家として20年を過ごしてきた。欧米と日本の慣習の違いを、おそらく誰より「痛みとして」経験してきた。

冒頭に描いたのは、米国の現場の「ナマ」の姿だ。「ジョブ雇用」というのは、すなわち、ダメな人間を解雇して、もっと有能な人間を採用する。これに尽きる。たとえば、こういうことを、私はこの本で日本の読者に訴えたい。もっと米国や欧州の姿を知ってほしい。もう欧米のことは散々見て知っている、と思われるかもしれない。しかし、それはまだ表面のことに過ぎない。ジョブ雇用に代表されるようなビジネス慣習が欧米で行われていて、日本では、昔ながらのやり方を続けている。それでは、日本は世界に勝てるはずがない。オリンピックのゲームで、違うルールで試合をしているようなものだ。


2024年のパリオリンピックでは、テレビを見る日本人は、ひとつ驚愕したことがあるはずだ。それは、いつの間にか、日本の選手には、混血の選手、あるいは海外にルーツを持つ若者が活躍していることだ。どうしても世界に勝たなければならないのなら、そういう人材を採用するしかない。それが端的に出ているのが、オリンピックだ。それは日本がやっと、世界にすこしだけ近づいただけだ。たとえば、フランスで大人気の柔道の団体競技で、フランスの代表の５名は、全員がアフリカ系だった。それがいまや世界のスタンダードだ。さらに純粋の日本人でも、欧州など海外のチームに所属して活動している選手も多い。たとえばサッカーとか、バレーボールなどは、半数近くの選手が海外組だ。日本の国技と呼ばれる大相撲でさえ、直近６人の横綱のうち、５人がモンゴル出身だ。

ビジネスでも同じだ。あの著名なグーグルは、インド人の創設だ。グーグルの検索技術は、いまや、ほかのどんな企業でも真似ができない。それほどの優秀な人材、とくに海外人材が、グーグルには集まっている。

海外の人材を採用する。あるいは海外で修業する。それにより、日本が世界レベルの力を習得する。すべて能力主義だ。そういうことに目を向けてほしい。それが本書の唯一の主張だ。

２０２４年10月吉日　田中健彦

レイオフ　日本を救う人材流動性

目次

装幀　佐竹宏美

はじめに

この本を書くきっかけになった衝撃的な話をしよう。それは35年前の話だ。

私はある大手コンピュータ企業に就職し、懸命に頑張った結果、43歳で部長職に昇格することができた。それは同期に比べれば、かなり早い昇格だった。私は天にも昇るような思いで、これまでどおり、いや、それ以上頑張れば、まだまだ上にまで行けると確信した。

そこで、自分に与えられた技術部門の業績を伸ばそうと、毎晩10時まで働き続けたのだ。それは、営業からの求めに応じて、顧客への講演会、親睦会に出席し、こまかなトラブルの対応をする、というような毎日だった。忙しいが、やりがいのある仕事だ。

しかし、ある時から、机で仕事をしていても、肩がものすごく凝るようになった。それどころか、ついに首がまわらず、激痛がするようになってしまった。そこで、近くの東大系の大病院に行き、整形外科を受診した。診察したのは、50代後半のベテランの医師で、整形外科の医長さんだった。医師は、私の首のレントゲン写真を見て、こう説明した。

「御覧なさい。あなたの首の痛みは、頸椎に棘のような突起が生じていて、それが神経を圧迫していることが原因です」

「先生、でもどうにかしてください。このままでは仕事も生活も成り立ちません」

医師は、言った。

「この棘は、老化によって起きるもので、それを治療することは困難です」

「え、私はまだ45歳ですよ。もう一生、この痛みは消えないのですか？」

「そうですな。できることと言ったら、あなたの手を額に押し当てて、それをぐっと首で押してください。これを毎日、繰り返せば、首の筋力が増すので、これ以上の老化を遅らすことはできるかもしれません」

なんということだ。まだ若いのに、老化で首が回らない。それに一生、付き合わなければならないのか。治療はないのか。私は薬も治療もないまま、暗澹たる気持ちで、病院をあとにしたのだ。

その後、私の懸命な働きにもかかわらず、私は部長職を解かれて、いわば窓際の担当部長に降格になった。「一体、どこが悪かったのか」、私には皆目、見当もつかなかった。私は課長になるまでのように、うんと働けば、会社に認められると思い込んでいたのかもしれない。眠れない夜が続いた。半年後、私は、上司から、米国子会社への転勤を命じられた。日本本社での栄達は無理になったので、「それなら、思い切り海外でやってみるか」と、私は晴れ晴れとした気持ちで、家族と一緒にカリフォルニアに渡った。

米国での生活はまるで夢のようなものだった。いままで毎晩10時まで働いていたのが、米国では、ほかの米国人に倣って夕方6時に帰宅できるようになった。広い芝生のあるアパートの2階で、家族と夕日を見ながら夕食だ。ベランダには、リスが生い茂った木の実を食べにやってくる。夕食後には、平日に家族そろって近くの映画館に行くこともできた。会社でも、上司からの厳しい目はないし、出世の心配もないから、ストレスがゼロだ。米国人の仲間も、みんないい人ばかりだ。

気づくと、私の首の痛みはケロッと無くなっていた。日本にいるときには、胃がシクシクと痛んでいたのも、すっかり無くなっていた。あの整形外科医長の宣告は、一体何だったんだ。それ以来、欧米での駐在10年、そしてそのあとのリタイア生活20年、私は一度も首の痛みを経験していない。

いまから10年ほど前、何かのきっかけで、私は脳外科でＭＲＩ映像を撮るようにアドバイスされた。首の周囲もＭＲＩ写真を撮った。医師に尋ねた。実は45歳のときに、整形外科でこう言われたことがありますが、いまはどうなっていますか、と。すると脳外科の医師はこう言った。

「たしかに、その棘の跡はありますね。でも今はまったく神経を圧迫していませんよ」

私はいま何を言いたいのか。現在79歳の私がいま思うことは、あの時の整形外科の医師は、私と30分ほどゆっくりと話をするべきだった、ということだ。そして、私がどんな働きをしているかを聞いて、こう言うべきだった。

「田中さん、あなたは働きすぎですよ。それが首の痛みの原因になっています。よく考えて下さい。あなた一人が長時間働いても、きっと会社は喜んでくれないでしょう。もっと違う働き方をすることが、結局は会社のためになるのです」

まさにそのとおりだった。つまらない課長レベルの雑事ばかりしていた私はすぐに部長をクビになってしまい、米国に転勤になった。しかし米国で伸び伸びとした働き方をしたおかげで、健康を取り戻し、子会社も順調に伸ばすことができたのだ。日本の大病院の医者には、一人の患者に30分もつきあって、話を聞くような時間的な余裕がない。現在でもその状況は同じだ。でも米国の医者（ホームドクター）は違う。もっとずっと親切で、しっかりと話を聞いてくれる。日本の医者は、偉そうにしているが、欧米の医者は権威を振りかざさない。大体、日本の医者はなぜ、みな白衣を着るのだろう。「私は国家資格を取った医者だ。私の言うことを聞きなさい」とでも言いたいのだろうか。米国では、医師は私服だ。いや、一度だけ、日本の大病院で私服で診療する、ものすごく気さくな若い内科医師が居た。その先生に見てもらうと、なぜか楽しい気分になった。彼は米国勤務経験のある医者だった。どうして、日本の大多数の医者は、こうならないのだろう。

もう一つ、大切なことがある。そもそも、私が米国に駐在している間に、なぜ首とか胃の痛みがウソのように消えてしまったのか。当時も今も、アメリカの企業環境が日本と同様、いやそれ以上に厳しいことに変りがない。事実、私の勤務していた子会社は、赤字続きで、いつ廃業になるか分からないほどの厳しさだった。それなのに、なぜか、そこで働く人たちはみんな明るいし、伸び伸びと働いていた。どうして日本の職場はストレスが多く、米国の職場にはいつも笑いとジョークが溢れているのだろう。

私はここに、日米、日欧の大きな文化の差があって、海外の良いところが容易に日本にやってこない現状があると思う。医療の世界だけではない。すべての業種、政治、そして、家庭生活にも、本来は海外の良いところを見習うべきなのに、それが一向に進まない。

いや、それは言い過ぎだ。日本は欧米の良いところを、実に巧みに取り込んできた。以下に、その実例をあげよう。その一方で、なかなか日本に入ってこない流儀もたくさんある。それはなぜなのか。

第一章　日米、日欧の流儀の違いと普及

「文化」という言葉と「文明」という言葉がある。作家の司馬遼太郎は、文明とはあらゆる民族で受入れ可能な、合理的なもの、つまり、あまりにも便利だから、軽々と海や国境を越えてゆき、定着するものとする。一方で、文化とは、その地域、その民族に固有のもので、外の地域ではなかなか根付きにくいもの、としている。

文明の例としては、鉄の発明、稲作、印刷、ジャズ、発電と電灯、インターネットなどが挙げられるだろう。たとえば鉄は、青銅に比べて圧倒的に強靭だから、畑を耕す鋤に使うと、生産性が何倍にも伸びた。中国人が発明し、モンゴル人が活用した馬の「あぶみ」を使用すると、兵士が疾走する馬にまたがって、立つことができたので、弓矢の命中率が圧倒的に上がり、それがモンゴル人の世界制覇の要因になった。このあぶみは、その後、世界に広がった。ジャズも、米国で生まれてから、あっという間に世界に広がり、人々を躍らせ、楽しませることになった。

このように、圧倒的に便利で合理的なものは、どんどんと世界に広がっていくのだ。

その一方では、一つの地域ではとても大切にされ、ながい伝統になるのに、それが他の地域には広がっていかないものがある。たとえば、あの中華文明の中ではしっかりと根付いた「宦官」制度や「纏足」は、決して日本には入ってこなかった。日本独特の「和装」も、かなり着付けが難しく、いまの日本ブームの中でも、なかなか外国では定着しない。

このように、生活とか政治、経済のやり方でも、移動するものと、決して移動しないものがある。それはなぜなのだろう。

ここでは、次のカテゴリーに分けて、見ていくことにしたい。

1. 米国発の流儀が、日本に定着した例
2. 米国では一般的なのに、なぜか日本で定着しない流儀
3. 日本では一般的なのに、なぜか米国・外国では見られない例

また、巻末には別添として日本語の中に溶け込んだ英語の例（ほかの日本語では表せない用語）を挙げている。

（1）米国発日本定着の生活スタイル・労働スタイル

ここでは、主として米国で生まれた流儀が、日本人に取り込まれた事例を見ていくことにする。

① 共稼ぎ

厚労省が発表している「共稼ぎ等世帯数の年次推移」によると、男性だけの片働きと、共働きの世帯数は、1981年では11対6で前者が圧倒的に多かったが、1991年には同数となり、現在では逆転して、6対12の比率になっている。つまり昭和までは専業主婦の世帯が多かったのに、平成、令和では共稼ぎの方が圧倒的になった。

このことは、女性が高学歴になり、社会で働きたいという願望が強くなったためだ。その一方では、これが少子高齢化に強く影響し、いまや日本では結婚しない若者や、結婚しても子供を作らない家庭が増えた。

この傾向は、欧州、米国でも同じで、それを日本も追いかけるようになった。また、女性が自分で給料をもらうようになった結果、家庭での発言権が大きくなり、離婚の数も増えている。こうした変化は、生活の欧米化が影響していると思われる。

男性が身勝手をやることで、女性から訴訟・離婚をされて、大きな財産を持っていかれるのは、米国では普通のことだ。訴訟社会の米国では弁護士の数が多く、彼らは仕事を求めて離婚の相談には積極的に応ずる。男性の不倫はもちろんのこと、男性が定常的に残業して夜遅くに帰宅するような場合は、確実に裁判で敗訴になり、膨大な慰謝料と養育費を払うはめになる。日本なら、養育費を払わずにどこか遠いところに逃げることも可能だが、米国ではクレジットカードから足がついてしまうので、それができない。有望なビジネスマンが、一夜にして、ホームレスに近い身分になってしまうのである。

ということで、米国人の男性にとっては、奥さんと離婚するために、懸命に働いてお金をため込む、という皮肉な現象が起きている。いずれ、こうしたことは日本にも流れてくるに違いない。

②　セクハラと、その対策

セクシャルハラスメントへのリスクは、私が渡米した92年当時は、米国（と欧州）だけのものだった。たとえば米国三菱自動車の社長が、秘書からセクハラで訴えられて敗訴し、三菱のイメージは地に落ちた。これは大きな新聞記事になった。当時の日本の現地法人は、これに震え上がった。そこで、各社はセクハラについての、社員教育に取り組んだ。私が勤めていた会社では、年に3、4回もセクハラ教育が行われた。もし何かトラブルが生じたときに、日ごろから社員教育をやっていたのなら、会社のダメージが少なくて済む、ということらしい。

教育の内容はよく覚えている。とにかく会社で上下の関係にある男女の間では、たとえ普通の会話であろうと、女性の側が「セクハラ」と感じたら、それで終わりになる、と教えられた。朝、職場の秘書に「おはよう」と言ったあとで、「今日は一段と美しいね」と言ったとしても、これがセクハラになり得るという。恐ろしい。

このようなセクハラのリスクは、現在の日本でも、極めて普通になってきた。ただ、企業の研修にまで取り入れているところは、まだ少ないようだ。

③　転職会社

次の章で詳細に述べるが、転職することは米国では極めて当たり前で、2、3年ごとに転職するのが普通だ。ある人が10年間も同じ会社で働き、あるときに転職することになったとすると、面接官は「どうしてこんなに長く勤めたのですか。なにか事情があったのですか。今回転職を希望したのにはなにか特別の理由があるのですか」などと、質問されるはずだ。転職の周期は、あくまでも2、3年がスタンダードなのである。

現在の日本では、転職をサポートする会社が非常に多くなった。それでも、それを実施するのは、それこそ何か事情（上司とのトラブルとか）があった人たちが多いのではないだろうか。ここに、いまだに大きなギャップがある。

④　コールセンターで、話者に番号で行き先を指定させる方法

コールセンターなどに電話すると、すぐにはオペレータが出ないで、要件の種類をボタンで押させられる。するとその担当部署につながる仕組みだ。はじめは米国ではこれが普及したが、現在の日本でもそれが当たり前になった。ただ、それでも「ただ今電話が大変に混んでおります。しばらくお待ちくださいー」とアナウンスされて、かなり待たされることになる。「順番に」というのが大切なところで、ＡＣＤ（自動呼分配装置）という機械（構内交換機）で行われる。

⑤　スタバなどの高級喫茶店

スタバ（スターバックス）などの高級な喫茶店が全盛だ。ドリップコーヒーの価格は、ドトールコーヒーが２２０円、スタバでは３００円、星乃珈琲店で６００円だが、椿屋珈琲店では１０００円と高い。それでも若い人たちはこういう高級喫茶店に入る。セブンイレブンなどでもドリップコーヒーが販売されていて、１００円で飲める。これらのコーヒーの味は、ほとんど同じだと著者は思う。なぜ価格に敏感な若者たち（そして中年も）が、こんなに高い喫茶店でコーヒーを飲むのか。

スタバが登場した頃、米国ではこんな解説がされていた。スタバでコーヒーを飲みたがる若者

は、「自分は、スタバでコーヒーを飲むような人種なのだ」という優越感を感じるために、スタバに入る、というのだ。

この感覚が、日本にも輸入されて、いま全盛期を迎えている。

⑥ ビジネスバックパック

すこし前まで、背広を来た男性が、リュックサックを背負って電車に乗ることなどありえなかった。これも米国流だ。最初にこれを実施したのは、(私が知るかぎり)シリコンバレーの女性のマーケティング社員だ。彼女たちは、40年前にはまだ結構重かったノートPCを自宅と、会社で往復するのに、それほど苦労しなかった。車通勤だからだ。ところが、日本とか欧州に出張するとなると、そうはいかない。女性は力が弱いので、リュックで運ぶしかない。そこで、リュックを背負って会社に来ることになった。

このスタイルが、健康のために自転車通勤する男性にも普及した。ついで、日本にも上陸することになった。

日本人男性は背広を着ているので、当初は躊躇もあったが、すぐに慣れた。ただし、日本の混雑した電車の中では、リュックをお腹の側で背負うのが、日本流となった。

⑦　スニーカーで通勤

女性は職場でハイヒールを履くことが必要な場合がある。でもハイヒールは通勤にはとても辛い。私は男性だから、その辛さは分からないのだが、大腸がん手術をしたあとに、抗がん剤を服用したら、足の裏や、指の先が、靴で激痛になったことがある。それでも、趣味の街道ウォーキングは続けたかった。そこで、足の痛みを軽減するためのグッズを調べてみた。すると、あるわ、あるわ、そうした足と靴にかかわる痛みの悩みを抱える女性が非常に多いことがわかった。（そういうグッズを使って、私はずいぶんと助かった）

パンプスというのは、ハイヒールよりずっと楽なように見えるのだが、靴の専門家によると、パンプスは、寝たきり老人女性の製造機だそうだ。

米国では、そのことに気づいて、通勤ではスニーカーを使用することが普通になった。必要がある人は、職場でパンプスやハイヒールに履き替えるのである。この流行が日本にもやってきて、最近ではスニーカーで通勤する女性が増えた。さらに、傑作なことには、和服にスニーカーを履く若い女性も増えている。これはどこからそうなったのか分からないが、京都に来る外国人観光客（とくに中国人）の女性が、和服をレンタルする際に、スニーカーを履くことが多いらしい。

⑧　ガススタンドでのセルフ給油

最初に米国に駐在したときには、ガススタがすべてセルフであるのに面喰った。ガソリンは極めて高い可燃性の燃料なのに、こんなことをやらせて大丈夫なのだろうか、と思った。しかし慣れると、実に簡単だし、コストも安い。こんな方法は、すぐに日本に輸出されるだろうと思ったが、実際にそうなった。しかしいまだに１００％のスタンドがセルフではない。有人のガススタで、高くてもよいから給油したいと思うドライバーがいるのだ。そういう顧客のために、スタッフは心を込めて、サービスを提供しているように思うが、社会全体を考えると、不合理なサービスに思える。

⑨　ショッピング・モール

これは主として郊外の大きな道路に面して作られるショッピングセンターのことで、必ず大きな共同の駐車場がある。それを取り囲むようにして、いろんな商店が並ぶものだ。個別の店が駐車場を備えるよりも、共同にすれば、ずっと広く、安く作れるし、客も、一か所ですべての用事が足りるから便利だ。ワイン屋のような個人商店だけでなく、大手のスーパーや、電気量販店が出店する場合もある。米国では、歯医者、内科クリニック、皮膚科、のようなクリニックが出店したり、あるいはクリニックだけのモールもある。ファミレスとか、牛丼の店も多い。

この形式のショッピング街は、日本では大都市には少ないが、地方では多い。その理由は、地方が米国と同様、車社会になっていて、ちょっとした買い物も、すべて車で済ませるようになったせいだろう。東京の場合だと、茨城県、埼玉県などの周辺の県で多い。

⑩　フリーマーケット

「フリー」とは蚤（flea）のことだ。フランスで始まった、庶民たちがお互いに不要になったものを売り買いする青空マーケットを意味する。ついで米国で大いに普及した。日本にもたらされたのは、１９７０年代だ。

⑪　ハグする

以前の日本ではハグすることなど、とても考えられなかった。しかし、現在では、たとえば女子プロゴルフの優勝が決まった瞬間など、必ずハグをするようになった。

米国や欧州では、ハグは非常に重要な所作である。子供の時から、親はしっかりと子供を抱きしめることで、愛情を伝えている。子供が反抗期に入って、グレかかった時には、とくに大切にされている。

米国では、夫婦のきずなを維持するために、「1日3回ハグせよ」と本に書かれている。

⑫　シャワーと入浴

日本人も、いまは普通にシャワーすることが多くなった。しかし米国人のシャワーはすこし違う。日本人は、シャワーを浴びるときには、洗剤を使って、しっかりと洗い流す。米国人は、洗剤を使わないで、1日の中でも何回もお湯でシャワーを浴びる。

入浴の仕方も、すこし違う。私たち日本人は、ハリウッドの映画を見て、女優がバスタブを泡だらけにして入浴し、そのあと、そのまま外に出てバスローブなどを着てしまうのを見て、驚愕する。しかしこれは映画の中だけでなく、一般的のようだ。

その理由は、米国人は、石鹸には良いにおいがついているので、その芳香を「身にまとう」という意識があるからだそうだ。これはシャワーでも同様で、あまり洗い流さずに、出てきて、服を着てしまう。

日本人には、古代から、みそぎをすることで、体から不潔なものを取り払うという意識がとても強い。そのために、石鹸も徹底的に洗い流してしまう。これは、歯磨きについても同じで、歯磨きチューブには、歯を守る成分があるのに、徹底的に口をゆすいでしまうので、歯科医は、最近はむしろ、簡単にゆすぐように指導しているという。

⑬　ベッド

日本では、伝統的には布団をたたみの上に敷いて寝る。布団は、押し入れから出して敷き、朝はたたんでしまう。しかし、これは老人になると、なかなか大変なことだ。より深刻なことは、年齢を重ねると、夜中にトイレに立つときや、朝、起床するときに、布団だと体を直立させることが難しく、下手をすると、ふらついて転倒してしまう。老人には、ベッドが格段に安全で便利だ。

（2）米国では一般的なのに、なぜか日本で定着しない流儀

実は、これがとても大切。将来の日本のビジネスの宝になる可能性がある。

前項で述べた項目は、いずれも日本に定着したが、次のことはまだ定着していない。しかし、合理的なモノなので、いずれは日本でも流行るのではないか、と思う。

ベビーシッター

米国の大学生のアルバイトの№1である。夫婦で外出するとき、電話一本で、まじめな大学生が来てくれて、留守番と子守りをしてくれる。学生は、宿題などをしている。米国では子供だけを留守番にさせることは幼児虐待になるから、非常に多く使われる。だが、セキュリティなどの

ことで、日本ではまだまだ。これが普及すると、日本でも若い夫婦の外出が非常に増える可能性がある。

解雇、レイオフ

日本では、働きの悪い中高年サラリーマンがうようよと居る。みんな高給をとっている。これが日本の生産性が低い原因。米国ではこういうシニアはどんどんレイオフできる。日本ではそれが絶対にできない。（その理由は、労働法のような法律の問題ではなくて、判例の積み重ねだ。したがって、いまさら法律を変えても、この慣行は容易には直せない）こうした余剰社員を抱えている日本の企業では、有能な若い社員を中間採用できない。

サバランスパッケージ

レイオフになったときに、次の職につくまでの、数か月分の給料が支給される。これがないと、翌日から路頭を迷うことになる。それでは安心して働くことができない。サバランスパッケージは、入社するときの雇用条件の中に入れられている。たとえば、部長級だと3か月分くらいだ。

列車や飛行機で、隣の席の人と話をする（仕事の話も）

昼休みに、外のランチ屋の空いた席に、相席して、互いの仕事の情報交換をする
これで、次の転職のネタを仕入れる。だから、非常に転職が多く、給料が上がり、生産性も上がる。

パブとか、会社帰りに一杯だけ安く飲める酒場
日本では角打ちという形式で、すこし流行ってきた。

ベンチャーキャピタル会社
ベンチャー卒業のお金持ちが運営するので、筋の良い発明や社長を見分けることができる。

女性の育休後の職場復帰
育休後に、元の職場の元の地位に戻ることが法律で決まっている。だから安心して、育休に入れる。シニアになるまで女性が働ける。管理職が多くなる。

職場で肩書でなく、名前で呼び合う
英米ではファーストネーム。

ボイスメール

米国のＰＢＴの一つの機能だが、声でメールが同時多数に送れたりするから非常に便利。

アウェイデイ

社員が揃って会社の近郊のホテルで1泊して、長期的な課題をブレーンストーミングする。

男性がお皿を洗う

世界の億万長者であるビル・ゲイツと、ジェフ・ベゾフは、（偶然だが）夕食後に家族分のお皿を手で洗う。お金の問題ではない。これをやると、神経を手にそそぐので、心の中を空っぽにでき、一種の瞑想ができるのだ。多忙な米国のＣＥＯたちにとって、瞑想の時間は非常に貴重だ。

食後にゲストがお皿をキッチンに運ぶ

男性が、重い荷物をもつ女性に手を貸す

女性が体力を必要とする職場で働く

例えば、飛行場内のバスの運転手。重いスーツケースを移動させるこの職場にも女性ドライバーが着く。

朝の挨拶

グッドモーニング、のあと、必ず一言、二言を添える。週末のＢＢＱは楽しかったかい？　などと。

アイコンタクト

米国では、話をするときに、相手の目をしっかりと見ながら話せ、と教育される。これをアイコンタクト、と呼ぶ。日本人は、そうすることが失礼だと思う傾向がある。

幼児と、大人の英語で話す（発音も）

日本は、あかちゃん言葉で話す。

小学校から、挙手することを教える。

小学校から、生徒は手をあげて答えることを徹底的に教えられる。答えが間違っているかどうかは、どうでもよい。議論に入ることが大切だからだ。答えを知っているのに、手をあげないのは、「卑怯者」とされ、軽蔑される。

スマイルするのを高校で教える

米国では職場の廊下で会ったときには、必ずスマイルする。スマイルすることが、知識人の資格だ（外国人の労働者はこれができない）。たとえば、会社の取締役の写真を株主用に紹介するとき、必ずスマイルする写真を載せる。これを入社してから急いで習得するのは無理だ。そこで、米国では高校の段階で、スマイルする練習をする。家で、鏡の前でどうしたら魅力的なスマイルができるか、それぞれが工夫する。

歯をフロスする、徹底的に

米国人のフロスは徹底している。トランプ元大統領の顔写真を拡大してみればよく分かるが、歯の一本一本の隙間がきれいに見えるほど、米国人はフロスに拘る。その理由は、歯を見せて笑うためだ。

ディベート力を高める教育

米国の大学では、教授が学生の一人を講師にしてプレゼンさせ、外の学生はありとあらゆる意地悪質問を浴びせ、その質疑を採点する。これをアタック・クエスチョンという。日本のサラリーマン、議員などはこれができない。日本人が外資系の会社に入ると、このディベート力で大差をつけられるので、圧倒的に不利だ。米国人は、自分の方が不利と思っても、ディベート力で不利を跳ね返す。

英国の国会では、ペーパーなしで、議員同士がえんえんと議論する。これが本来の民主主義だ。

コミュニティカレッジ

大人になってから大学で勉強ができる。教科はバラエティに富み、美術、ギター、ゴルフ、ピラティスなどいろいろ。

かかりつけ医（ホームドクター）

信じられないことだが、日本には「かかりつけ医」という制度がない。アメリカ、イギリス、フィンランド、ドイツでは、いずれも「かかりつけ医（ホームドクター）」の制度があった。もっとも制度が充実しているのが、イギリスだ。法律で決まっている。かかりつけ医は、あらゆる病気を、まずは診断し、自分の専門でない時には、専門医か、大病院に引き継ぐ。この引継ぎが優れているので、患者はスムーズにそちらに移行できる。この制度が非常に優れているのは、病気というものは、その個人によっていろいろな現れ方をするから、それを長年承知している医者は、正しい判断をしてくれるから。薬だって、人によって、まったく効き方が違う。患者のことを、ながく見ている医者の存在は重要だ。そして、専門医や大病院に紹介したあと、必ずその結果は、かかりつけ医にフィードバックされる。

アメリカでは、かかりつけ医が、非常に広範なチェックをしてくれた。たとえば、ある時は、こちらが頼みもしないのに、肛門に指をつっこんで、前立腺がんのチェックまでしてくれた。アメリカでは、クリニックに小部屋が4、5個ほど用意してあり、患者は医者がくるまでに、そこで、看護師の助けを借りて、すっかり受診の準備をしている。だから医者は、効率よく、つぎからつぎへの患者を診ることができる。

フィンランドの精神科の医者の場合、患者との会話は、すべて無線で隣室に飛ばし、そこで看護師が、すべての会話を記録し、カルテを作っていた。医者には、無駄な作業をさせないのだ。

議員の秘書と議員立法

米国では、一人の国会議員が20名の秘書を抱える。彼らは法律の勉強をして、自分で法案を書く。そのかわり議員の数が少ない。20人程度の秘書を雇用するための歳費は税金で出される。こうすれば派閥とか不正政治資金の問題などなくなる。もちろんパーティ券問題も、裏金問題もなくなる。

日本では、公設の秘書2人のほかは、自費で秘書を雇わなければならない。秘書は、地元の有力者の子息の入学・就職の面倒を見たり、地元の報告会に集まる支援者のための弁当を買ったり、忙しい。公設秘書の数を増やし、その費用が税金で賄われれば、派閥からのモチ代、氷代などを当てにしないで済むのだ。日本の国会議員の数を米国並みに半減させれば、政界はずっとクリーンになるだろう。

移民の受け入れ

ソーシャルセキュリティ番号を簡単に付与し、そのかわりに税金を払ってもらい、教育を受けさせる。

郵便局でモノを販売

日本は郵便事業は赤字だが、場所の良い郵便局で、モノを販売すればよい。

NPO内の内紛（管理組合など）

NPOというのは、非営利の団体だ。その理事会では、凄まじいバトルが起きる。会社の中だと、あまり激しい議論をすると、評判や信頼を落とすので、控える。しかしNPOではその心配がないので、徹底的に相手をやっつける。日本でも最近はマンションの管理組合でこれが起き始めている。

クリスマスギフト

米国では、いつもお世話をしてくれる作業員、たとえばマンションのお掃除人に、20ドルくらいのお餞別（チップ）を渡すのが普通だ。会社の中では、友人同士がなにかしらのプレゼントを手渡す（これはお歳暮のように、目上の人だけに渡すのとは違う）。なお、クリスマス期間は、スーパー、百貨店などの商店は、特別の特価セールを行う。年間の売り上げの半分が、クリスマスのセールで上がるという。そして、クリスマスが過ぎると、買い過ぎた商品を、返却するのも一般的だ。返却の理由などは問われることがないので、堂々と返す。ずうずうしい人は、パーティのためのドレスを買い込んで着用し、パーティのあとに返却するそうである。

ヒッチハイクで旅をする

友人の別荘に長期滞在する

経費を安くするために、友人の留守の別荘に1か月ほど滞在させてもらう。これをお互いにやる。そもそも米国人にとっての休暇は、のんびりと過ごすことだ。日本人のように、海外旅行して、毎日、名所を忙しく飛び回るようなことをしない。友人の別荘でなく、ホテルで宿泊するときにも、ホテルのプールのプールサイドでサングラスをつけて、読書で1日を過ごす。読書なら自宅でもできるじゃないか、と思うのが日本人。彼らにとっての読書は最高の楽しみだ。それも、雰囲気の良い場所（海岸とか）で、快い風にふかれながら読書するのが、最高の時間なのだ。これを夫婦でもやる。どんな本を読むかというと、たいていは肩の凝らないミステリーとか、恋愛ものだ。次の休暇で何を読もうかと、日ごろから本屋で探して、見つけてはスーツケースに詰め込む。これがまた楽しみなのだ。

高速道路への流入権

高速道路に流入する時、流入する車の側に優先権がある。流入するとき助走路では、車は時速100キロくらいまでスピードを上げないと流入できない。もし助走路が終わるときに流入できないと、そこで急ブレーキをかけるから、後ろから入ろうとする車に追突されてしまう。そこで、欧米では流入する車には、高速道路を走る車が道を譲らなければならない。なぜか、日本ではそうなっていない。

バスの優先権

バスが停留所から出発するとき、バスの方に優先権があるので、後ろの車は、バスが出発の右

折サインを出したら、無条件で譲らなければならない。これはフィンランドのルールだが、非常に合理的だ

常時右折可

米国では、信号の交差点で右折（日本なら左折）はいつも可能。ただし、直進車や歩行者が優先だ。

ラウンドアバウト

これは主に英国。平面での道の交差が信号なしでできる。

スーパーマーケットの階層化

米国、欧州では、富裕層、中間層、貧困層向けのスーパーがあり、それぞれ流行っている。日本は分かれていない。あるとすれば富裕層向けの成城石井くらいだ。

店員と客の間の軽口

日本では、スーパーのレジで、客と店員が何か冗談を言い合うのは、考えにくい。並んでいる

人から叱られてしまいそうだ。でも米国は、それが当たり前だ。「今日はXXのお料理にするのよ」、「あらいいわね。誰かのお誕生日？」とか。その時に、気の利いた一言を言うのが楽しみだ。
私が、英国で経験したことだ。薬局に行って、売薬を買った。店員がそれを取りに行ったところ、うっかりそれを取り落としそうになり、おっとと、と手を伸ばして掴んだ。その時、私がもう1つ必要なことを思い出して「同じものをもう1つください」と頼んだ。するとすかさず、並んでいたご婦人が「あら、2つになったら、お手玉にちょうどいいわね」と。店員はニコリともせず、「いえ、私は薬でお手玉は絶対にしません」と。

私が英国のパソコン会社で働いていたとき。当時、デスクトップ・パソコンは台湾からOEM購入していた。台湾はいつも忙しくて、テンヤワンヤだ。その台湾で大きな地震があった。私はみんなを笑わせようと「台湾ではいまは大変なんだ。パソコンの上にデスクが乗っているんだ」。すると部下の英国人がすかさず言った。「台湾ではどうせ、いつもそんな風ですよ」。こういうウィットが瞬間的に出てくるから、すごい。

スーパーの話で、もう一つ。米国でタマゲタことがある。私がレジに行こうとしたら、黒人の女性が前にいて、レジで支払いをしていた。彼女は、店内で売り物のコーラを1本飲んでしまい、その空瓶で払っているのだ。店員も驚きもしない。

「」付きのジェスチャー

いわゆる、というときの〝　〟を、口語で表す。両手をあげて、耳のところで指を曲げ曲げする。

ガレージセール

自宅の不要品を家の前に並べて販売。ガレージセールをやる人はあらかじめ、近所の電柱などに、手書きの広告を出しておく。メルカリのような、面倒な手間が要らない。

無人のゴルフ場

たいてい、市が運営する小さなゴルフ場で、日本のクラブハウスのような立派なものがなく、無人。スタートする順番は、自分のゴルフボールを螺旋のしかけに入れて出てくる順番に打つ。カートは自分で引っ張る。10ドルから20ドル。グリーンの手入れなどはよくないが十分に家族で楽しめる。

ゴルフは午前中に終わらせ帰宅する

米国では、男性ばかりがゴルフをやっていると、離婚訴訟で負けてしまう。そこで、どうしてもゴルフをやりたい人は、午前3時に起床して、仲間と車の中で朝食を済ませ、朝6時にゴルフをスタートさせる。もちろんスループレイ（昼の休憩なし）をするので、12時には帰宅できる。これなら、ギリギリ、奥さんにも認めてもらえる。ゴルフ場に近いところに住むのもその理由。

バーで、結婚の相手を探す

合コンのようにグループでなく。日本も独身女性が会社勤めをするようになると、米国と同様、こうした場での相手探しが多くなる可能性があるのではないだろうか。少子高齢化解決のための一つの手段か。

レストランに行く目的

日本人は、レストランに行くのは、食事をするのが目的だ。だから、注文してから、なかなか料理が出てこないと、イライラして、催促したりする。あるいは、外のテーブルの方があとから来たのに、お料理が先に運ばれると、我慢できずに「どうしてなの！」と詰め寄ったりする。

それから、日本では、レストランに夫婦が行って、テーブルに座ってから、20分間も、まったく言葉を交わさない光景を見たことがあるだろう。最近だと、お互いにスマホをずっと見ていたりする。

ところが、こういう光景は、米国ではまず見ない。なぜなら、米国人にとって、レストランに行くのは、「良い時間を持つため」だ。とくに、お喋りをするのが目的だ。お料理は、そのついで、のようなものだ。そのため、お料理が来るのが遅い方が、より長くお喋りができるので、全然、腹が立たない。

さらに、米国では、ウェイター、ウェイトレスは、チップ制になっていて、彼らはテーブルにきては、いろんな話やジョークを言って笑わせて、座を楽しませる。それにより、より高いチップを得ようとする。米国では、ウェイターと、空いたお皿を下げる人とは、明確に区別されている。お皿を下げるのは、単なる労働者であり、外国人労働者が多い。しかしウェイターは、お喋りが得意な白人が多く、彼らは知識人だ。そして、すこしでも、高い料理をお客に選ばせるように誘導する。つまり彼らはエンターテイナーであり、セールスマンなのである。そういう技を持ったウェイターは高給取りであり、お店も有能なウェイターを引き抜いたりする。

この日米の差は、まったく変化しない。

小さな村に住む

定年後はワイオミングで釣りをして過ごす。これが米国の高級ビジネスマンの夢だ（欧州では、小さな村は住み心地が良い。毎日、顔見知りが4、5人集まって、バーでしゃべる)。

(3) 日本で一般的で、外国にはないもの

ウォッシュレット
水流式のマウスウォッシュ
温泉、銭湯
戸籍
居酒屋の突き出し

日本に来た外国人が、一様に驚くのが、居酒屋での「突き出し」だ。頼んでもいないのに、小さな小鉢がまず出てくるし、それは有料だ。この日本の制度には、それなりの理由がある。お酒は比較的、すぐに出てくる。でも、お料理はかなり時間がかかる。そこで、お料理が出てくるまでの時間に、なにか手っ取り早く、小鉢をつまみたいのが日本人だ。お店も、そういう突き出しは、もともと準備されているので、すぐに出すことができる。つまりこれは、お店とお客の両方にとって、メリットがある制度なのだ。

ところが、欧米では、お酒の「つまみ」というものが、そもそも概念としてない。つまみでなく、お料理を頼んで、お酒を飲みながら、お料理を頂くのである。お酒だけを楽しみたい人も、非常に多い。英国のパブでは、ビール、エール、ビターを飲む人は、せいぜい、ピーナッツくらいしか頼まない。欧米では、お酒だけを飲む人もとても多い。日本人は、お酒がもつ「苦み」が苦手なのではないだろうか。それを紛らわせるのが、つまみ、というわけだ。

その結果、日本ではグループで居酒屋に行って、飲むと、おそらく4000円以上払うことになる。欧米人にとっては、こんな高い金額は、毎日は到底払えない。そこで、毎日飲みに行くためには、つまみなしで、お酒だけを飲むことになるのだ。ところで、欧米人は、日本人よりお酒が強い。お酒の解毒力が強いので、悪酔いしない。そのために、ついつい、飲み過ぎて、アル中になる人が多い。

第二章

日本の大問題を日米文化の違いで考える

なぜ日本はこのように長く経済が停滞するのか。

バブル崩壊を過ぎて、すでに30年が経過した。この間、日本経済は長く停滞してきた。GDPでは中国に抜かれ、直近ではドイツに抜かれた。

その原因について、多くのエコノミストが解説している。少子高齢化を挙げる人が多い。たしかに消費が伸びていないことが大きい。しかしそれなら欧州各国も同じだ。

30年ほど前から、日本の企業は利益を内部留保としてため込み、それを投資に回してこなかった。企業は、投資するべき有力な案件を持たないので、しかたなく内部留保にして、それが詰みあがっていまや620兆円という巨額にまでなっている。一方で、そのお金を社員の給料に回してこなかった。一般社員も給料が上がらず、先行きの見通しが立たないから、貯金に回し、決して消費しようとしなかった。国も国家予算の大部分を、国債の返済やら、利子やら、高齢者の年金と医療費にあててきた。

つまり、企業も、個人も、国家も、将来伸びそうなところが分からず、怖いので、必死になって貯金ばかりをしてきたのだ。それの悪いサイクルが続いている。
以下、欧米のやり方から見た、日本の経済不振への処方を見ていく。

2-1 人材の流動性

（1）終身雇用制、新卒一括採用、年功序列制度

日本の労働慣習のこの3つこそが、日本経済沈滞の最大の原因である。このやり方には、もちろん良い面があった。終身雇用制だと、社員は若い時には給料が少なくても、子どもの教育やローンなど、一番お金がかかるときに、それに見合う給料を出してくれるのが暗黙の了解になっていた。だから、我慢して働き続ける。会社も安心して、各種の教育を授けて、社員の能力を伸ばそうとする。

たとえば、中国に進出した日本企業がびっくりするのは、中国人の社員が、せっかくスキルを

伸ばすように教育しても、2、3年すると、プイ、と転職してしまい、なんと授けた技術をライバル会社のために使ってしまう。これでは教育のやり甲斐がない。（ただ、これがグローバルスタンダードだ）

その点、日本の国内企業では、豊富な予算を使って、教育投資をすることができる。筆者の会社は、当時は、45歳研修といって、45歳になると2か月か3か月間を職場から引きはがして、教育を施してくれた（現在では廃止されている）。その教科がすごい。俳句、クラシック音楽、美術、宗教から、経営理論に至るまで幅広い。おかげで、この研修の中で、鎌倉の建長寺で一泊の座禅まで経験することができた。こういう教養が必要とされたのは、外国人のお客様と議論するときに、日本人幹部があまりにもそうした素養が低くて、会話にならなくて、外国人から馬鹿にされることがあったこともある。

とにかく、日本の企業は社内研修に力を入れてきた。これは終身雇用の良いところだった。

しかし、近年の日本の経済と企業活動の実態を見ると、そんな悠長なことを言っておれなくなった。かつては日本発の大発明や優良商品が世界を席巻してきた。１９８９年には、企業の時価総額ではトップ50社のうち日本企業は32社を占めた。ところが、２０２２年ではなんと、31位のトヨタ自動車だけの1社しか入っていない。(米国がダントツの34社だ) その大きな原因は、グローバリゼーションに遅れをとったからだ。

いま伸びている欧米企業は、ベンチャービジネスからスタートした、ＧＡＦＡＭを始めとするＩＴを中心とした企業だし、また彼らの企業戦略は、徹底した優秀人材の採用だ。とくに目立つのは、インド人の経営者だ。インド人は、人口が多いので、優秀な人は飛びぬけて優秀で、米国の有名大学のトップを独占するほどだ。

インド人にかぎらず、とにかく優秀な人材を中途採用して、職能給で、高い給与を払う。転職が当たり前だ。人材の流動性が非常に高い。この方法を日本がずっととってこなかったことが、今日の低迷を招いている。

そもそも、欧米企業は、中途採用が基本だから、新卒を一斉に採用することなど、考えてもみない。経団連会長が、4月卒業を9月卒業にしたらどうか、と提言したことがあるが、それではとても追いつかない。

まず「卒業」というものの定義が違う。米国の大学では、卒業に必要な単位がとれたときが卒業なのだ。だから年間を通して、バラバラと卒業してくる。ではあの米国の「卒業式」とは何か、と問う人がいるかもしれない。あれは、あくまでもセレモニーのためであり、もうすぐ卒業という人たちが、一堂に集まってお祝いをするだけで、実際にはそのあとに卒業なのだ。私の次男は米国のカリフォルニア大を卒業したのだが、卒業式は6月だが、本当の卒業は、必要な単位数が揃った12月だった。

卒業が近づくと、多くの学生は、インターンとして、希望の職種で実習をさせてもらう。これが就活の一部になることもある。

さて、終身雇用がいかに日本企業を阻害しているかの実態だ。私は、現役の最後数年間に、ある子会社の社長を経験した。この会社はほとんどが若いエンジニアで、みんなよく働いた。しかし、その中に、一人だけ、まったくやる気のないシニアの部長職がいた。部長の給料をもらいながら、成果らしいものが出ない。ただ週末のゴルフを楽しみにしていた。

私の周囲の幹部は、あの人はまずいです、若い人のモラールに影響しますよ、と進言してきた。私にとっても、この会社を伸ばそうと一生懸命だったから、こういうシニアは迷惑な存在だった。

そこで、ある日、ついに本人に対して、退社勧告を言い渡した。（現在ならパワハラになるかもしれない）しかし彼は、いまちょうど息子が大学の時期で、とても退社はできない、お願いだから、置いてほしいという。

本社人事とも相談したが、さすがに解雇はできないという。そこで勤務評価の査定を最低にして、降格させるしかなかった。

私が戦ってきた米国の企業現場では、まるで違う。このような成果の出ない幹部は何回か警告を出した上でレイオフができた。だが、日本ではそのような理由では解雇できない。これも後に調べてみたのだが、日本の法律制度がそうなっている、というわけではなくて、むしろ、判例の積み重ねで、レイオフができないらしい。米国では、採用するときに、「At Will 契約」というのが原則になっており、つまり双方が雇用・被雇用の意思（Will）があることを前提に雇用契約が成り立つ。そこで、一方が意思をなくした場合は、雇用契約が終了するのである。

注）この点を、もう少し説明したい。日本には「労働契約法」という法律があり、その第16条で、企業が従業員を解雇できる時の条件を定めている。従業員の能力が不足しているような場合でも、単に他の社員より不足している、というだけでは解雇できない。会社が余剰の

社員を抱えたときの整理解雇でも、いろいろと条件が必要だ。ところが、どんな場合に解雇が認められるのかは、こまかく規定されていない。そうなると裁判所による過去の判例が重要になってくるのである。

このように、判例で縛られた日本では、よほど法律を改めない限りは、生産性の悪いシニアを解雇することができないだろう。米国では、悪い人材を切ることで、そこに「空き」を作り、新しいより優秀な人材を採用することができる。だから企業が伸びる。

これは社員の側にも同じことが言える。無能な上司がえばっている会社など、どんどん退社して、もっと新しい清新な企業に移るほうが、気分も良いし、給料も上がる。こういう人材の流動性は、双方にとって良いのだ。

ちなみに、日本ではこのところ、物価が上がって、給料が（もう20年も）上がらない、と嘆く声が非常に強い。だから自民党政権が悪いのだ、と政府のせいにする。

しかし給料を上げたいのなら、転職すればよいのだ。それなりのスキル（たとえばＩＴのスキルとか語学）を身につければ、給料がもっと高い職場に転職することが可能のはずだ。そうやって、優秀な人材が外に出ていけば、企業としても、彼らを引き留めようとして、賃金やら待遇をアップさせようと思うことだろう。

そうなれば、海外からの優秀な人材もまた呼び込むことができるようになるだろう。

つまり、日本の現在の経済の低迷は、幹部と社員が、勇気がなくて、中途採用、転職に踏み切れていないのが、最大の原因なのだ。

近年、「解雇規制の緩和」ということがやっと議論されるようになったが、現在の従業員にAt Will契約への移行するのが無理なら、新しい採用から、そうした欧米式の労働契約に移行するのが良いと思う。そうした企業がどんどん成長するのなら、自然に一般の企業もそれに習うのではないだろうか。

（2）シリコンバレーでの人材流動性の実態

以下のような実態を報告する人があまりいないので、現実をお話ししよう。

私がシリコンバレーで駐在員をやっていたのは、いまから40年も前のことだが、おそらく今も変わらないだろう。

この会社は社員数150名の小さな所帯で、典型的なスタートアップ会社を、私の日本企業が買収した。社員はほぼ全員がシリコンバレーで採用されていた。業務の拡大に伴って、どんどん人材を補充しなければならなかった。良い人材も、悪い人材もいた。しかし、とにかく米国人同士で、よく議論し、活気があった。

彼らは、いつも転職のことを考えている。もっと良い会社に、隙あらば（?）転職しようと、思っていた。でも、ある程度の実績を残さないと、それは無理だ。

シリコンバレーというのは、ちょっと特殊なムラだ。必要な情報をいつも外部から取ろうとして、研修に行ったり、講義に来てもらっていた。そういう外部との接触があって、それを逃していては、最先端の技術に追いつけない。

私たち駐在員は、昼休みになると、ランチをとりに外に出ていく。近くに、サンドイッチ屋さんがあって、そこが人気の場所だ。林の中の野外テーブル席が20ほどもあっただろうか。まずはカウンターに行って、好みのサンドイッチを注文する。野菜とかハムとか、マヨネーズとかを指定すると、その場で作ってくれるのだ。そのサンドイッチをもって、野外席のどれかに座る。テーブルには4つほど、パイプの椅子が置いてある。

私たち日本人は、そこで日本語で話をしながら食べるのだが、周囲を見ていると、米国人は、空いた席にお構いなしに相席をさせてもらうのだ。見知らぬ他人同士だ。「この席いいかい？」という感じで。それで、たとえ初対面でも、どんな会社に勤めているのか、どんな仕事か、そして給料とか、待遇はどうか、とか情報交換するのだ。

「へえ、そんなにもらっているの？　飛行機はエコノミーかい、ビジネスかい？」などと質問して、よさそうな会社だとなると、それを記憶して、次の転職に備える。そういうことを、毎日やっているのだ。

だから、仮に今日、クビになったとしても、それほど落胆しない。それほど、このシリコンバレーというのは、いつも活気に満ちて、募集しているポストはたくさんあるのである。そういう情報をもっていれば、会社でも遠慮することなく、上司にもずけずけと言いたいことが言える。

（3）解雇と採用の実態

つぎに、部下の解雇と採用の実態だ。「ジョブ雇用」が今後は日本でも増加するに従い、このことはいずれ日本の読者の周囲でも起きることだと思うので、ぜひ米国の実態を把握してもらいたい。

現場の課長、部長が、自分の統率する部や課を自在に動かしていかなければ、企業はスピードで海外の企業に負けてしまう。部長、課長は部下の中に、能力が発揮できていない人材を発見することに全力を注ぐ。（私が国内の部長だった時には、自分が率先して現場の仕事を引き受けて、それを社員に示すのが役割だと、まったく勘違いしていた）部長、課長は、自分の組織の目標を高らかに示す。場合によっては、従来の仕事をすべて投げ出して、別の事業を起こすことすら必要だ。

その目標を達成するためには、課員全員に、それぞれの目標を作らせる。年に一度の面談でそれを互いに確認しあう。その目標を外すような課員は、やはり解雇しなければならない。なぜなら、それを達成できるような有能な人材は、世の中には必ず存在するからだ。そうやって、新しい人材を採用しても、見込み違いということもある。それなら、その時点で解雇しなければならない。

日本では、こうした解雇に関する締め付けがきつすぎる。だから、朝、のんびりと出社して、お茶を飲みながら新聞を読むような管理職が生まれてしまう。

英米では、At Will 契約という雇用の根本的なルールがあるから、会社が雇用し続けようとする「意思」がなくなった人材は、一定の手順を経て、解雇できるのである。その解雇の現場は、本書の冒頭に書いたとおりだ。

たとえば課長を解雇したら、部長はつぎの課長が採用できるまでは、自分か、自分の右腕を課長に据えるしかない。部長はそれくらい、現場を知っていなければならない。そうでなければ、課員の目標管理などできない。課長を解雇する部長は、急遽代役をする覚悟を持っていなければ、自由に解雇などできない。

最近は、日本でも「転職」が若い人を中心にずいぶん一般化してきた。テレビを見ると、「転職」のＣＭで溢れている。それは結構なことだ。しかし、これをこのまま放置すると、日本で何が起きるか、考えてみたことがあるだろうか。元気の良い、有能な人材がどんどん転職会社経由で外の会社に出ていってしまう。残ってしまうのは、やる気のない、能力のない、どちらかというと高齢の社員ばかりだ。そうなったら企業は早晩、沈没船になってしまう。ではどうするか。無能な人材を解雇して、有能な人材を転職会社に頼んで採用するしかない。これが今の日本の置かれた状況だ。

こういう辺りが、日本のビジネスマンたちが、ジョブ雇用に無知なところだ。

（4）採用試験

さて、40年前に私が米国で課長を解雇した時の話の続きだ。解雇のあとには、新しい課長の採用だ。新しい人が決まるまでは、部長の私が臨時の課長を勤めなければならない。いつもそういう覚悟ができていないと、部下の解雇はできない。

まずは、このポストのジョブディスクリプション（職業記述書）を書かなければならない。ここに自分がこの人に期待する内容を漏れなく書かなければならない。つまりはこの職場を今後どのように持っていくかを、ここに表現するのだ。とても大事なことだ。

つぎには、これを人事部を通じて、社外・社内に公表する。（社内にも公表して公平を期す）この町では、「ジョブフェア」というイベントがよく開催される。ちょうどコムデックス（現在ではＣＥＳ）などの商品展示会と同様の会場が設けられて、そこにブースを開設するのである。

募集を見た候補者がブースに訪ねてきて、どんな仕事なのかを私が説明する。なかなか良さそうな人も来てくれた。ただしその時に、自分のメモ用紙に大体何歳くらい、などと書いてはいけない、と人事スタッフに言われた。米国では年齢は絶対に聞いてはならないのだ。

ジョブフェア参加が終わると、採用面接になる。これはお互い対等のお見合いであり、日本のように企業側が見下ろすものではない。私は、どうしたら、それぞれの候補者が有能で、感情的にならずに冷静に仕事をできるだろうかを探ろうと、いろいろ工夫してみた。まさか「あなたは感情的ですぐに怒鳴ったりしますか？」とは聞けない。そこで「あなたはどういうタイプのリーダーですか」とか、「あなたは部下たちからどんな上司だと思われていたと思いますか」などと聞いた。そうすると「私は、強烈なリーダーシップを取る、というよりも、部下たちに寄り添って働き、自然に私が目指す方向に導くタイプでした」などと答えてくれる。

面接者の事務能力を探るには、「1日に何通くらいのメールを受けますか？」も有効だったと思う。日本人の平均は50通だ。しかしこちらでは、メールを読むスピードが要求される。200通、というと、かなりタフな職場を経験してきたと推測できる。

ラッキーなことに、私は一人の極めて優秀で、性格も良い課長を採用することができた。おかげで、私もこの会社で、ひとまずは一人前のリーダーとして認知されることができた。

（5）ジョブハンターと転職会社

社員は勤務をしながらも、外部のジョブハンターから転職を勧誘されることがある。日本でも、以前よりジョブハンターは非常に多くなったようだ。また転職会社の存在も大きくなった。転職会社に登録しておくと、自分の希望する職業を、そっと紹介してくれる。企業の側でも、転職会社に希望する人材を登録して、有望な人材の紹介を受けることが可能だ。

つまり、日本でも、この10年くらいで、転職することがずいぶんと容易になってきたように思う。これは、遅ればせながら、米国流がやっと日本にも浸透してきたことを意味する。

しかし現状では、こうした転職を行う人は、20代、30代の若手が多いのが実態だ。40代、50代の幹部クラスになると、転職することへの不安が多くなって、本当は転職したいが、そういう活動は行わない人が非常に多い。企業側からすると、こうした中高年の社員で、生産性が低い人材こそ、優秀な人材に外から来てもらいたいが、解雇ができないのでは、採用ができない。それでは企業の発展は難しい。

ということは、今後は、中高年の人材流動化が、日本企業の大きな課題になるのではないだろうか。ここに、解雇と採用の重要性が出てくる。

ここで、転職に関する私自身の経験をお話しよう。私は37歳くらいで技術部門の課長に昇進して、張り切って仕事をしていたが、ある時に商品開発で失敗したことがある。その時以来、上司の部長との折り合いが非常に悪化してしまった。いままでの信頼を一気に失ってしまい、なにごとにつけても、部長から厳しい言葉を受けることになってしまった。私はこの会社での将来に望みを失ってしまった。いわゆる落ち込み、うつ状態になってしまったと思う。

そこで、こんな会社なら、もう見切りをつけるべきだと考えた。当時、結婚して子供が二人いたから、責任は重大だが、やるしかないと思い詰めた。そこで、転職会社のドアを叩いた。私には入社する希望の会社があった（実は当時のスタートアップだったソフトバンクだ）。転職会社のスタッフからは、まずは、当社の規定に沿って頂きますと、一連のテストを受けるように言われた。そのテストは、中間管理職としての適性、能力を測るものだったので、ここぞとばかり、自分の能力をテスト用紙に表現した。

その結果が出た。スタッフがこう言った。「あなたは、管理職としての才能が非常に優れています。これならあちこちの企業にご紹介できます」と。その瞬間に、私の中で、なにかが音をたてて崩れたようだ。逆にいままで失っていた自信が、一挙に回復してきた。なんだ、これなら、将来いつでも転職はできるんだ、と思った。私は、心の中がパッと明るくなった気がした。一時的にうつ状態だったものが、そのトンネルを抜けたような感じだ。

そこで、転職はやはり辞めることにした。転職会社のシニアのスタッフは、「そうですね。あまり短気を起こさないことが大切です」と言った。このあと、落ち着いて仕事に戻り、上司との関係もすこし良くなり、しかも上司は別の部署に移っていった。（私の方が勝った）その後、私は部長になり、さらには海外勤務でやりたいことがぞんぶんにできたことを考えると、それで正解だった。

でも、あの時に転職していれば、いまや大企業になったソフトバンクで、グローバルな仕事をできていたかもしれない。中間管理職の転職は、やはりかなり大きなリスクを伴うものだ。

（6）外国人人材の採用

諸外国では外国人の人材を活用している。現在、企業内の外国人の比率は米国では13％、ドイツでも13％だ。それに対して日本はわずか2・4％に過ぎない。日本は外国人から見ると入社するのに、非常にハードルが高いようだ。その理由は、やはり雇用慣行だろう。年功序列が依然として生きていて、その人がどれだけの能力があるかで給料が決まる職能給制度が定着していない。ＪＩＣＡの調査によると、２０４０年時点で日本が希望する成長率を達成するのには、６７４万人の外国人が必要なのに、現在では３００万人しかいない。このままでは到底無理だ。

さらに、少子高齢化により、新卒の学生の数がどんどん減っているのだ。これをカバーするのには、有能な外国人に来てもらうほかない。

しかし外国人にとって、日本の企業は働きにくい。これだけ外国からは観光客が来てくれているのに、企業の中に入るのは、とても難しいことが多い。

日本の企業では、エライ人がえばり過ぎる。このことに、日本人には気づいていない。当たり前だと思っているからだ。新卒の学生は、会社に入ると、いきなり上司への接し方を教えられてしまい、それが当たり前だと思う。たとえば、お花見のシーズンでは、新人はビニールシートを持ってお花見の会場に朝からでかけて、場所をとり、何もすることがないまま夕方まで待たされるのである。こんなバカなことが、現在でも行われている。（私は、最近、お花見シーズンに上野公園に朝の9時に行ったことがあるが、青いビニールシートを敷いて、一人だけ所在なく座っ

ている若者をたくさん見た）

あるバカバカしい実例を紹介する。この話はもう40年も前のことだが、ご参考になると思う。ある大手企業の一つの課が、今後は会社もグローバル化しなければならない、と考えて、優秀な外国人に入ってもらうことになった。この課は、全社のグローバル化を推進する部署だ。課長は仮に山田良夫氏、中途採用された外国人はジョン君としておく。ジョン君は日本語がペラペラで、業務は優秀だった。日本人スタッフとも協調性が良い。

ある時、ジョン君は、山田課長に質問することがあり、課長席に近づいて、こう言った。

「山田さん、これはどうすればいいでしょうか？」

すると山田課長はムッとして言った。

「いま君はなんと言った。私は課長だよ、山田さんとは何事か？」

ジョン君にしてみれば、米国式に「ヨシオ」と呼びかけたのではなく、しかも、ミスターにあたる「さん」をつけたのである。ただ、山田課長は職場では女性職員に使う、さんづけで呼ばれたので、馬鹿にされたような気がしたのだ。そして、「こんなことすら知らないジョン君には、厳しく教育しよう」と思ったのに違いない。

ジョン君は、まもなくこの会社を退社した。

このような意味もない上下関係の言葉遣い、上位者のプライド、威信、こういったものがいまだに職場にははびこっている。

外国人も含めて、多様な人材を集めることが大切であることを示すエピソードがある。先ほど紹介した、新しい課長を私が採用したときの話だ。ジョブフェアなどで募集した人材には、これは、と思う人が少なかった。一人だけ、優秀な男性がいた。経歴、学歴、知識は申し分なかった。面接したときの態度も良い。そこでこの男性に採用通知を出したいと人事に連絡した。ところが、人事のスタッフが、「この人はダメです」と言うのだ。なぜなら、調査した結果、履歴書の学歴に一部だけ正しい記載がされていないことが判明した、というのだ。こういうところは、米国の人事部門は絶対に譲らない。こういうことを見過ごしたら、将来、どんな不正をするか分からないではないか、と言うのだ。残念ながら、この男性を断念するしかなかった。

そこで、採用活動は一から出直しになった。数日後、募集広告を見て、ロスアンゼルスに住む男性が応募してきた。以前は、ボーイング社で機械設計をやっていた人で、こちらの希望とぴったりだった。そこでこの町まで来てもらい、会うことにした。もう夕方だったので、会社の外のファミレスで面談することにした。

彼の名前はアイラという。お店に入ってきた彼はニコニコした、いい感じの人だった。早速、私たち技術部門が困っていたことを彼に説明した。当時、私たちは、日本で設計したタブレット型のパソコンに取り付ける周辺機を、こちらで開発していた。このタブレット機は、通常は手にもって使うのだが、机の上に置いて、キーボードと一緒にして、普通のノートパソコンのように使う必要があるから、ちょうどブックスタンドのように立たせる小物が必要だ。しかも本体周辺にはいろんなコネクターがついていて、立たせたときに電源にも繋がらなければならない。折りたたんで携帯できなければならない。実に要求が難しいのだ。

それをアイラはじっと聞いていたが、やおら、テーブルの上にあった紙ナプキンを広げて、そこにサラサラと図を描いた。それは、さっき説明したすべての要求を満足するようなブックスタンドだった。（しかも紙ナプキンに描くとは、まるで映画のシーンのようだ）

私はびっくりして、「そうなんだ。まさにこれだ！」と叫んだ。この瞬間に彼の採用が決まったようなものだった。

その翌々日、彼はホテルから会社にやってきた。そして目の前に、図面を出して見せた。彼はそのあと、2日間でわずか3時間しか寝ずに、ＣＡＤというソフトを使って、この設計をやってしまったのである。

なんという頭脳、なんというエネルギーだろう。これには、私だけでなく、会社の幹部たちもびっくりで、すぐに課長への採用が決まった。

さらに続きがある。このタブレット機は、現場にも持ち込むし、床に落とすことも想定される。そこで、落としても大丈夫なように、周囲にプロテクターを付けることも課題になった。硬質のゴムを素材にする保護ケースだ。その形状とか、ゴムの厚みが問題になる。

アイラは、過去にボーイング社のジェット機の設計をやっていた。ここでは、着陸するときの衝撃を吸収するための車輪装置が必要になる。「それは力学の二次微分方程式で解けるのですよ。同じことが、このプロテクターにも当てはまります。床からの距離は1ｍでいいですか。それから……」と要求項目を確認して、微分方程式を書き上げ、それを解くと、なんとゴムの厚みが算出されたのだ。

私も工学部出身だから、微分方程式は大学では習った。しかしそれがこの現場で使えるとは驚愕だった。

ことほど左様に、アイラは優秀だった。彼は自分から、ユダヤ人であることを明かした。そういう才能のある人材を採用したことが、どれほど私とこの会社を助けたか、計り知れない。

（7）日本の職場での、エライ人が偉すぎる問題

私は、日本人のワークライフバランスを一新するための本を書いたし、企業への講演を30社以上続けてきた。つまり日本の男性社員の残業をどうして減らすべきか、を説いてきた。そして講演の最後には必ず質疑応答を行った。どこの会社でも出てくる質問はこういうものだ。女性社員からの質問だ。

「先生の言われることはよくわかります。でも、私が自分の仕事を終えたからお先に失礼しますと帰宅するのは、とても勇気が要ります。エライ人が先に率先して実行してくれなければ、ムリと思います」

この点が、ワークバランス改革でのもっとも難しいところだった。つまり日本企業では、エライ人がえばり過ぎるのである。そこで、たとえば、フリーアドレスにして、部長でも、若手と机を並べて仕事をするようにしたらどうか、などと提案したこともある。

このことについて、面白いエピソードがある。私がシリコンバレーに駐在して間もなくのことだ。私は、この小さな会社の技術部に所属していた。リーダーは技術部長兼副社長のジョン・フェアバンクスという人物だった。この人は天才的な技術者で、良い発明もしたが、非常に気難しく、短気で、独裁者だった。ちょっとしたことで、瞬間湯沸かし器みたいに、顔を真っ赤にして怒り、怒鳴り散らす。部下の米国人からも恐れられていた。

ある日、この部門で、全員が集まる会議を開いた。部屋には14、5人が座れるテーブルとイスがあり、部下たちがそこに座った。フェアバンクス部長は、一番あとから部屋に入った。ところが、すべての椅子には部下が座っていて、彼の座るところがない。一瞬、若い人がお尻をもぞもぞさせたが、誰も席を譲らない。（こういう光景は日本ではまず起こらないだろう）すると部長は、すぐに諦めて、部屋の隅に置いてあったテーブルの上に、ひょいと腰掛けて、「さあ、会議をやろう」と言ったのだ。

これこそ米国流だと思った。年上だから、上司だから、ということで決して、おべっかを使わない。みんな平等だ、と思っている。フェアバンクス部長も、こういう理由で部下を叱ったりはしないのだ。

米国の子会社で、次のような事が実際に起きた。技術部の部長は、当時は日本人のBさんが担当していた。英語はうまいし、性格がよく、しかも仕事は実によくできた。この部門の仕事とは、日本で開発・製造したタブレットPCの品質を確かめ、さらに米国市場向けにカスタマイズすることだ。この技術部門では、毎日のように、大小の問題が発生し、それを日本本社に連絡して、対処してもらうのだ。

ある時、このBさんが、米国人と同様に、1週間の休暇を取ることになった。毎日、大変な仕事をこなしているBさんには、当然の権利だ。奥さんと一緒にハワイに旅立った。すると、こういう時に限って、技術的な問題が発生した。留守を預かる日本人スタッフが走り回ったのだが、うまく解決できない。そこで日本に緊急の連絡を取った。出荷までにもう余裕がなかった。

日本本社の技術部は、びっくりした。「おい、Bはどうしたんだ?」。現地スタッフは答える。「Bさんはいま1週間の休暇です」「なに、休暇だと? すぐに呼び戻せ」「でも、奥さんとハワイに行っているのでダメです」。

「なんだとう? 奥さんと一緒にハワイに行っている? なんだって、こんな問題を起こして遊んでいるんだ!」と、大変な罵倒を浴びることになった。

この問題は、日本と米国の企業文化の違いから起きている。米国では1週間どころか、1月も休暇を取ることが当たり前だ。Bさんも、1週間くらいはいいだろうと思ったに違いない。ただ、米国人は、留守の間に問題が起きないように、外のスタッフが問題の処理をできるように、あらかじめ準備しておく。それに、そもそも夏の時期は、市場全体がお休みになってしまうので、こんなにイライラしたことは起きない。

やはり日本の職場は、ギリギリまで働くという文化、それに、上の人が、下の人をしかりつけて働かせる、というカルチャーがしみ込んでいる。

もう一つの実例だ。私が勤めていた大手コンピュータ会社のあるソフトウェア開発部門で、あるときボリュームの大きなソフトウェアを至急、開発しなければならなくなった。社内だけでは手当ができないので、その特殊なスキルを持つ人材を外部からも募集した。そして編成した10人ほどの部隊の中に、外部から来た、ちょっと変わったエンジニアがいた。ヘアスタイルもちょっとミュージシャン風だし、雰囲気がこの伝統的な会社の社風とすこし違う。しかし仕事は非常によくできた。外のメンバーが夜10時まで残業しているのに、この彼だけは6時になると、「お先に」と言って帰宅してしまう。でもちゃんと自分の仕事はこなしているから、周囲から文句はでなかったという。課長もそれを認めていた。

或る時、課長がこの青年に聞いた。どうして早く帰宅するのか、と。すると彼は、野球が好きなので、自宅でプロ野球を見に帰るのだと説明した。自分の趣味を楽しむために、昼間は集中して仕事をしていたのだ。実に、日本人らしくない、良い仕事をする若手だ。課長は、それでもほかのメンバーに、この青年を見習いなさいとは言わなかった。

こういう青年がその後、その部門で順調に昇進していったのか、私は興味を持った。ところが、実際には、彼はしばらくすると、この会社を退社して、海外青年協力隊に入ったそうだ。

そういうマインドを含めて、こういうタイプの青年が伸びていってほしい。しかしこの伝統的社風の会社はそういう人材を生かすことができなかったのだ。

「日本の職場のエライ人が偉すぎる問題」というのは、おそらく米国でも昔はあったのだろうと思う。たとえば、１９６０年代の映画で『アパートの鍵貸します』というビリー・ワイルダー監督の作品があった。主人公の男性は、ある大手の生命保険会社に勤めている。職場には、１００人ほどの職員が机を並べて仕事をしていて、そこの部長は、はるか向こうの、ガラスに仕切られた個室に座っているのだ。主人公は、その部長からの頼みで、アパートの部屋を恋人との逢瀬のためにときどき貸し出すことを承知した。すると、彼はまたたく間に昇進して、大部屋から、個室の管理職に移動することになるのだ。この時代には、米国の職場でも、エライ人はものすごくえばっていたのに違いない。その後、いろんな工夫があり、職場も民主化されたものと思われる。

たとえば、私が勤務していた米国の会社では、人事部がいろんなイベントを実施していた。後述するが、この会社ではハロウィーンの仮装大会を実施していた。このほかにも、「秘書の日」というのが年に1回あった。この日は、いつもお世話してくれる秘書さんに報いるために、ランチをみんながご馳走するのだ。

「職員の日」というのは、昼休みに、野外で食事をするイベントで、この日は、副社長以上がエプロンを着て、職員のために、お食事を盛り付けるのである。

「クリスクリンゲル」という催しは、クリスマスの時期に行われる。社員の全員が、誰か一人を内緒でくじ引きで選び、その人にこっそりとクリスマスプレゼントをするのだ。数日前から、その人の机に、カードを置いて、予告する。それが誰からなのかは、秘密だ。当日になり、全員が集まったところで、一人一人が相手を公表して、プレゼントを渡すのである。こうすることで、全社員が、とくに上級の社員が、職員の名前を覚えることができる。

日本の職場で、エライ人がいばり過ぎることの、極端な例は、「パワハラ」問題である。部長、課長などとタイトルを持つ人は、部下に対して、「おい、田中、おまえ何年この仕事をしているんだ。馬鹿じゃないのか。もう辞めてしまえ」のような、激しい叱責を平気でやる。これが「パワハラ」であることを本人は気づいていない。むしろ、会社のためには、こういう厳しい指導をすることこそが自分の仕事だと思い込んでいる。その結果、部下が、ものすごく落ち込み、自分はダメな人間だ、と思い込み、夜も眠れなくなることがある。その結果は、うつ病、下手をすると、自殺である。

私も現役の時に、前述のように、部長から窓際職に降格になって、半年間というもの、夜に眠れなくなった経験があるので、よく分かる。就寝するときまでは、テレビを見て、結構笑っているのだが、ベッドに入ってこれから寝ようとするときに限って、一番考えたくないこと、つまり、なぜ自分が降格処分になったのか、ということを考えてしまうのだ。パワハラを受けた社員も、きっと同じ経験をしているに違いない。

これら問題は、日本の職場で、エライ人がえばり過ぎる、というただ一点に帰する。では、それを解決するための具体的な方策として、「敬語」の問題を取り上げる。

(8) 敬語と肩書の問題

こうした上下関係の意識に影響をしているのは、日本語の敬語の問題だ。英語や中国語に敬語が皆無かというと、そうでもないが、少ない。日本語の小説では、会話の部分だけ読んで、それがどんな上下関係なのか、男女なのかがすぐにわかる。(そしてそれが、リアルな、生き生きとした場面表現に役立つ) 英語ではそれがない。

日本語では敬語がしゃべれないと、たとえば職場での会話が成り立たない。最初の一言から敬語が必要になる。いつも上下関係を意識していないと日本語会話は成立しない。だから外国人から日本語は難しいと言われてしまう。

言論の自由の場である国会のやりとりでは、こんな調子だ。

—ただいま先生がご指摘の件は、まことにそのとおりでございまして、現在、庁内において精査しているところと認識して御座います」

明らかに、野党の議員は、霞が関のトップの局長より上位にたっており、それに沿った言葉遣いになっている。こんな雰囲気でのやりとりは、欧米の議会ではありえない。

こうした言葉遣いの問題が、自然に上司、部下の言動にも影響してくる。上の人には逆らえない、なんとか上の人のご機嫌を損ねないようにしよう、となる。国会から、職場まで、日本はなんと中世のようなやり方なんだろう。明治憲法では、万民はみな平等、言論は自由、と決めたのではなかったのか。

これでは日本の企業のグローバル化はできない、と海外をよく知る経営者も現れてきている。私は職場では、すべて「敬語」に統一するべきだと考える。上司が部下に話すときにも、すべて「吉田さん、これこれをお願い致します」というように話しかける。「吉田君、これこれをやっておいてくれよ」とは、全然違う雰囲気になるではないか。

そして上司を呼ぶときには、「山田課長」「佐藤支店長」のように、肩書を付けて呼ぶことはしない。すべて「山田さん」「佐藤さん」にする。上司から部下に対しても、「吉田君」でなく、「吉田さん」にする。

仕事を指示された部下の吉田君は、課長に対して「山田さん、その仕事のやり方をもう少し詳しく説明してくれませんか。明細書にしていただけませんか」のように言い返すこともできるようになろう。

実は、フィンランドでは、部下に仕事をアサインするときには、その目的、手段、納期などを詳しく述べなければならない。いわば明細書である。そうすれば、途中のやり方については、部下の裁量に任されるので、いちいち途中の報告をする必要がない。

日本では、新人が職場に配属されると、必ず「ホーレンソウ」を叩きこまれる。これは「報告、連絡、相談」の略称で、新人はどんなことでも、上司に報告し、連絡し、相談しなければならない。だから上司は仕事をアサインするときには、「あれ、やっといて」と言うように、じつにいい加減な指示を出すのだ。そうしておいて、やたらに報告会を開いて、「それは、そうじゃない」などとダメ出しをするのだ。これは実にムダだし、社員が自分で考えることを阻害している。こういうやり方は、上司の手間はぶきになっている。大会議を開いては、報告させて実情をつかもうとするが、一般社員にとっては、おおきな迷惑になっているのだ。これも、日本の「偉い人のエゴイズム」から発生している。

このように書くと、日本の読者は、そんな言葉遣いをしていては、上司は部下を統率できないではないか、と思うことだろう。欧米では、たがいに「ジョン」のようにファーストネームで呼び合っていて、敬語もなくて、上司はうまく部下を従わせることができるのだろうか、と思うかもしれない。

ところが、欧米では企業はすべてトップダウンの世界なのだ。あくまでも、上が決定して、下はそれに従うのだ。ここが非常に日本人には分かりにくいと思うので、説明しておく。

欧米では、部下は自分の意見を堂々と上司に述べる。ときには激しい口論になることもある。それにより、上司はそういう意見があることを十分に承知する。でも、上司は必ずしも部下の意見を取り上げず、自分の裁量で、自分の意見を組織の決定として伝える。これについて、部下は反抗することはなく、それに従順に従う。

部下は、自分の意見は堂々と述べたのであるから、上司が違った決定をしたのなら、それは上司の責任だと、きれいさっぱりとそれに従う。上司は、自分の決定の責任を取る。もしそれが間違った決定なら、そのまた上司によりクビになるかもしれない。

こうやって、欧米の組織は成り立っており、しかも決定は早く、スピード経営が実行される。この様子は、私たち日本人には、「天皇機関説」を思い出させる。戦前の日本で、美濃部達吉が唱えた「天皇機関説」は、天皇という存在は、国家の一機関である、とするものだ。この説は、天皇が神様であるとする国民感情から、ひどく反発を招いたが、戦後の現在ではこれが正論になっている。これと同様に、職場でも、課長、部長という地位は、あくまでもそういう決定をする機関である、と考えれば、なにも「尊敬したり」「へりくだったり」するべき存在と考える必要はない、と日本人でも納得できるだろう。

ここのところの混同が現在の日本の職場に強く残っているのは、とても問題だ。敬語とか、肩書で呼ぶことを改めていくことで、これが正常化されていくことを望む。

また、管理職は、なにも尊敬されるべき存在ではなく、あくまで努力により、より正しい決定をするべき存在であることを、自らに言い聞かせることが大切だ。

ところで、職場では敬語に統一する、というのが外国人にとって優しいのは、私自身が感じていたことだ。それはドイツで生活していたときのことだ。ドイツ語でも、敬語に似た語法がある。相手が家族とか親しい友人の場合と、そうではない人では、文法が異なる。英語の You は一つだが、ドイツ語だと「あなた」Sie と「おまえ」Du がある。Du のときには動詞の語尾が異なるので、これが面倒だ。そこで、私のような外国人はどうしても、Sie を使ってしまう。「おまえ」の複数の「お前たち」になると、さらに語尾が違う。

だから、職場ではすべて敬語に統一するのは、企業の国際化という面でも合理性がある。ただし、これは日本語から敬語を無くしてしまうのではない。敬語は大切な文化だ。あくまで職場の中でのことだ。

（9）男女格差の問題

欧米では、女性の職場進出が進んでいる。役員になる女性も多く、米国、北欧では4割くらいが女性。これに反して、日本ではいまだに15％程度だ。

私が経験した欧州での会社で気づいたことを話そう。会社は英国、ドイツ、日本などの多国籍企業であり、女性も役員に登用されていた。私はある女性副社長の部下として働いていた。この女性は、学歴も、実力も申し分なかった。実に明るく、指示は明確で、しかもとびきりの美人だった。仮にJさんとしておく。

Jさんは、小さなミーティングを随時行う。（大会議はやらない）小会議だと、関連の人だけが集まり、問題点だけを甲論乙駁するので、効率が良い。10分、15分で終了する。ある時、会議が終わったので、私はトイレに急いだ。（日本人は寒いのが苦手で、冬はどうしても小用が近くなる）Jさんも、「トイレに行かなきゃ」と言って、すぐに女子トイレに入った。私は1分ほどで済ませて廊下に出てくると、Jさんも同時に出てきた。（その後、Jさんはいつもそうだった）これにはびっくりした。Jさんほどのリーダーになると、トイレだって男性並みのスピードなのだ。（私は米国に帯同した家内から一度、こういうことを聞いたことがある。アメリカ人の女性は、トイレに入ると、バッグでも服でも、その場にドサッと下ろして用を済ませる。それが音で

分かる。日本人の自分にはとてもできないと。だから早いのだろうか）

ランチに一緒に行く。にぎやかにJさんたちとも食事をする。Jさんは食べ終わると、みんなの前でも、口紅をささっと塗って、鏡も見ないで終了だ。一瞬の技だ。

役員になるほどの女性は、覚悟が違うと感心した。

このJさんが、ある時、お産をすることになった。まだ40歳くらいだから、それも当然だ。産休を取得した。その留守の間は、暫定的に私がリーダーを務めた。しかし、彼女は産後に復帰した。この会社の本社は英国だったが、法律で、女性が産休を取ったあとは、必ず元の職場に復帰することが義務付けられていた。

こういう法律や慣行があるから、女性でも安心して産休が取れるし、だからこそ、女性役員の数も増えるのだろう。

男女格差を乗り越えるのには、法律などの外部的なことも必要ながら、当の女性の方にも、それなりの覚悟が求められるのではないだろうか。

(10) 日本の職場の堅苦しさ

日本の職場は堅苦しい。海外に出ると、それがよく実感できる。

たとえば、フィンランドでは、働き方については、大きな自由度が与えられている。約束した期日までに、約束した品質の仕事が終了するのなら、その途中のやり方は問われない。

こういうことがあった。私はヘルシンキの工場では、購買部門のすぐ隣で仕事をしていた。購買部の男性の部長は副社長でもあり、非常に能力のある、快活な人間だった。

ある日、その購買部の部長が、3歳くらいの娘さんを職場に連れてきたのだ。娘さんは、ちょっと鼻水を垂らしている。部長が言う。「実は娘がちょっと風邪をひいてね。ところが今日は女房がスウェーデンに出張になってしまったので、連れてきたんだ」。彼の奥さんは、別の会社の副社長だ。

ところが購買部のメンバーは驚きもしない。娘さんに話しかけたり、おやつをあげたりして、あやしている。こんな自由度があるのだ。

その話を、私はフィンランド人の友人にした。フィンランド気象庁に勤めている。彼が言うには、「そんなのはフィンランドでは普通だよ。僕の職場には、犬好きの青年がいてね、毎日、職場に犬を連れてくるんだ。外の職員も全然平気で、犬の頭をなでたりして、結構、癒されているよ」。これにはびっくりした。

これは有名な話だが、スウェーデンの大企業であるイケアの社長は、自分の席を、一般の社員の席の中に置いているという。そうすることで、一般社員との交流を深めることができるという。

さらに飛行機で出張するときにも、エコノミークラスを使うそうだ。この伝統はいまでも生きていて、イケア・ジャパンの社長も、社長室なしで仕事をしている。

日本の会社はいまも息苦しい。私は毎朝、7時台に自宅の周辺を約1時間ほどウォーキングする。これは健康のためと、朝のラジオのニュースショーを聞くことの両方のためだ。ところで、私は朝の町を歩いていて、一つだけ気になることがある。それは、駅に向かって女性が走ることだ。駅に向かって走るのは、100%、若い女性だけだ。その理由はなんだろう。

私の男性の友人が教えてくれた。

「田中さん、それはね、女性はギリギリまでお化粧をしていて、はっと気づくと出発時刻をオーバーしているからですよ」

なるほど。それで謎は解けた。しかし、もう一つの理由は、女性は一般に真面目であること、そして、職場ではどうしてもプレッシャーを感じているからに違いない。

日本の企業がいまだに堅苦しいことの源流を考えると、江戸時代の幕藩体制にまで行きつくような気がする。

幕末に徳川幕府は、さすがに海外の状況を視察する必要があると気づき、咸臨丸という蒸気船を使って、幕府の要人を米国に派遣した。この時の艦長が勝海舟だ。無事に視察を終えて江戸に戻った勝は、幕府の老中たちに呼び出された。老中たちは、どうせ、大したことを学んでこなかっただろう、ここで恥をかかせようとした。そして勝に質問した。「その方、メリケンではさぞ、珍しいことを見聞したであろう。わが日の本とかの国とはどう違うのか申してみよ」。すると勝は「さよう、かの国では重い職にある者はその分だけ賢うございます。その点、わが国とは真逆でござります」と言ったから、老中たちは激怒し、「ぶ、無礼者、控えおろう！」と叫んだと言われる。

いまだにこういうマインドが職場に残っているように思える。

2-2 ベンチャー企業がなぜ育たない

米国の経済が圧倒的に強い理由は、新興企業、ベンチャー企業がどんどん生まれ、そして巨大企業に成長しているからだ。90年代のクリントン政権のときに、米国経済が一気に加速したのは、南部のロケット産業が沈滞化して、そういう人材がシリコンバレーに集まって、つぎつぎに大きく育っていったから、と言われている。当時は、アップル、ＨＰ、マイクロソフト、アマゾンなどが生まれてそれぞれが巨大化していった。その流れは、その後も続き、グーグル、Facebook（現在の名前はメタ）も大きくなった。いまはいわゆる〝GAFAM〟が米国経済を引っ張っている。

ではなぜ同じ時期に、なぜ日本では同様のベンチャー企業が育たなかったのだろうか。ここに現在の日本経済停滞の大きな理由がある。

（1）物まね中小企業

米国の経済学者、ウィリアム・ボーモル教授が『良い資本主義・悪い資本主義』の中で、こう指摘している。日本（および欧州）には膨大な数の中小企業が存在するが、これらはほとんどが「模倣的」な起業家であり、米国に見られるような「革新的」な起業家ではない。（因みにこの著書は、田中が翻訳したものだ）

まことに私たちの身の回りにも、多くの小規模の小売店が存在するが、どれも似たような商品やサービスを提供するだけだ。試みに、自宅から駅までにある店を思い浮かべてみると、クリーニング店、蕎麦屋、豆腐屋、八百屋などがある。これらの店のオーナー、たとえばクリーニング店では、暑い夏でも、ランニング姿でびっしょりと汗をかきながらアイロンをかけている。豆腐屋は、朝3時から作業を始めて、冬でも冷たい水の中に手を突っ込んで豆腐をすくっているから、手は真っ赤なしもやけだ。でもこうした商店の人たちが、その辛い労働の割りには、リッチな生活をしているように見えない。逆に、たとえば「焼きたてパン」のような店には、お客はいつも入っているが、その魅力は、常に新しいパンを開発しては並べているからだ。

私は一度こういう焼きたてパン屋に聞いてみたことがある。どのようにして新しい商品を開発しているのか、と。するとパン屋の主人は、嬉しそうに答えた。それは毎月のようにスタッフたちが集まって、どんなパンが面白そうかを議論しているんです、と。こういう店の商品は、結構、高めの値段なのによく売れている。

同様にいま外国人観光客で大賑わいなのが、「3COINS」だ。300円均一、のような、アイデア商品ばかり集めた店。ここでは毎月、700点の新商品が投入されていて、日本人より外国人に注目されている。たとえば、イヤホンの汚れをお掃除するグッズがものすごい人気だ。いずれにせよ、新商品の開発にいかにエネルギーを注ぐか、がこれからのビジネスのキーになる。

もう30年ほど以前の話だが、日本の経済がガタガタになって、中小企業の社長が苦しんでいる中で、NHKの番組が、彼らの討論番組を開催したことがあった。彼らはくちぐちに、親会社からの圧迫とか、流通の非効率とかを言っている。そして取引価格の引き下げがいつも要求されてしまう、という。

この参加者の中に一人だけ、まったく違うことを言う人がいた。それが「痛くない注射針」を考案した岡野工業の岡野社長だ。彼は、いままで一度たりとも、会社が赤字になったことはないし、従業員を解雇したこともないという。それは、この会社の商品が、ほかの企業では真似のできない技術に支えられているからだった。この会社の注射針は、テルモという大企業からの、痛くない注射針を作るという注文に、ただ一社だけ応ずることができたのだ。世の中には、毎日、インシュリン注射を自分で打たなければならない糖尿病の患者が何十万人もいる。そういう人たちのために、テルモがなんとか痛くない注射針を開発しようと考えたのだが、岡野工業だけがうちに任せてほしいと名乗り出たのだ。岡野工業は、もともと金属を薄く延ばすことに技術を持っていた。外の企業が、注射針を「細く」しようと努力したのに対して、岡野社長は、極端にうすく伸ばした金属を丸める方法でできるのではないか、と考え付き、それに成功したのだ。

この発明のおかげで、岡野工業の注射針は、圧倒的な価格交渉力を持ち、黒字経営を維持することができたという。

岡野工業のように、従来の方法から革命的な方法を見出した企業こそが、ボーモル教授の言う「起業家精神を持つベンチャー」なのだ。

こうしたベンチャーが、ではなぜ日本には育たないのだろうか。その理由を考えていく。

（2）ベンチャーキャピタルの存在

私は45歳になったとき、企業内研修で、当時の社長だった山本卓眞氏から、次のようなことを講義で教わった。

「君たちは、長い会社生活の中で、一度や二度くらいは、すごく良いアイデアを思い付いたことがあるはずだ。しかし、それはなかなか事業化までには至らない。ところが真の天才は違う。私が真の天才だと尊敬しているのは、池田敏雄さんだ。（コンピュータの父としてよく知られている方だ。ＮＨＫのプロジェクトＸでも取り上げられた）この人は、一度、アイデアを思いつくと、寝ても覚めても、そのことに一心不乱になった。私は彼と独身寮で同部屋だったから、彼の努力はよく知っている。彼は、思い詰めると、もう会社に来なくなるほどだった。ある時、夜中に私が寝ていると、彼が枕元で包丁を研いでいて、ぞっとしたことがある。彼はこうして、自分の心を静めていたのだった。こういう努力のあとに、あの世界に冠たる国産コンピュータを開発することができた。真の天才とは、それが物になるまで、決してあきらめずに追求できる人なのだ」

私など到底その域ではない。ただし、山本さんが言われるように、私も一度や二度は、良いアイデアを思い付いたことがある。その一つは、私が国内の子会社の社長をしていたときのことだ。

社内で新技術のアイデアを募集したときに、一人の変り者がこんなことを言い出した。
「コンピュータというものは、普通はメモリにいろんなことを覚えさせますよね。でも、メモリに書き込みをしない、ずっと同じ記憶だけを使うコンピュータはどうでしょうか？　たとえば、亡くなったネコの写真だけを表示するとか」

変なことを言う奴と思ったのだが、そのときに、私は米国で、写真の送信ビジネスをネットでやっているベンチャーを思い出した。それは、遠く離れたおじいさんとおばあさんのために、孫の写真をネットで送るというサービスだ。（米国では目立たない存在だった）しかし私にはこのサービスが将来、日本でも伸びるような直観があった。というのは、私は駐在しているときに、日本にいる母からいつも孫の写真を送ってほしいと言われながら、ついついプリントしたり、郵送したりが面倒で、その希望をかなえてあげられなかった。そのうちに、母は病気で亡くなり、急いで帰国したときには、枕元に数少ない孫との家族写真が置いたままになっているのを見て、本当に悪い事をしたと思ったのだ。

どんなシニアでも、孫の写真は見たいものだ。でも、面倒なパソコン作業はできない。それなら、テレビなみに簡単な操作で、いつも孫たちの写真をネットで受信できる端末をつくったら喜ばれるのではないか、と思いついた。

検討してみると、数万円の価格で、電源を入れるだけでネットに接続できるような端末の開発は可能と分かった。ただし、これには開発費がかかる。当時の親会社は、倒産寸前のような危機状態にあって、到底、投資はしてくれなかった。

そこでいくつかの企業にアイデアを持ち込んで投資をお願いした。その一つが、写真フィルムの大メーカーのＦ社だった。彼らはユーザーがため込んだ電子写真画像をどう生かすべきかを悩んでいたので、渡りに船だった。

端末や、ネットの設計も進んだ。会社内ではＳＥの中で熱心な人たちが現れ、いろんな企業への売り込みに努力してくれた。ある女性のＳＥは、資料を作成するのに夜中の３時まで働いた。翌朝の会議に出てみると、まだ若い彼女の顔が荒れていて、おしろいがボロボロとはがれそうになっているのに気付いた。それほど、スタッフたちは熱心に取り組んでくれたのだ。配信サービスには、あのニフティも協力してくれた。あるプロ野球のファンクラブが興味を示してくれた。
（ファンクラブの会員に、選手の写真を届けようというのだ）

こうしてこの「電子写真立て」ビジネスは開花の寸前までいった。ところが、肝心のスポンサーであるＦ社の中で、どうやら社内的な権力闘争があったようで、ある日、突然にこのプロジェクトはキャンセルになってしまった。
（その一つの原因は私にもあったかもしれない。このプロジェクトを一つの会社として立ち上げようと思ったのだが、手元の資金を出し惜しんだ。１０００万円ほども出資していたら、私の本気度を示すことができていたかもしれない）

私たちプロジェクトメンバーがどれほど落胆したか分からない。そのうちに、私も定年を迎えて、バックアップができなくなってしまった。あと10年若かったら、ソフトバンクとか、楽天とはいかなくても、中堅どころのネット事業者になれたかもしれない、と思わなくもない。

余談だが、この「電子写真立て」は、その後、日本でもあちこちの企業で事業化された。ただし、ネット端末ではなくて、単独の写真立てとしてだ。（なんとあのF社も事業化した）一方、このコンセプトは、その後、スマホのアプリとして実現した。「みてね」という日本発のサービスで、これはまさにシニア世帯と、その娘・息子と、孫を結びつけるサービスだ。子供世帯から、毎日のように孫たちの可愛い写真や動画が、両方のおじいさん、おばあさん世帯に送られてきて、それにコメントを付けることができる。私自身がこれの愛用者だ。いまや全世界で２０００万人が加入している。わたしの「アイデア」だけは良かったのだ。（閑話休題）

このように、ベンチャー事業を成長軌道に乗せるためには、ある時点で、どうしても投資してくれる人が必要になる。その投資は、日本なら、大企業とか、銀行ということになるだろう。でも、銀行の人には、プロジェクトの技術的な内容や将来性は、なかなか理解できない。

ここに、日本経済の大きな問題があると思う。（私の努力不足は棚に上げて話を進めることにする）シリコンバレーには、ベンチャーキャピタルとか、投資組合と呼ばれる組織がある。これは、起業に成功して、会社を売った人が巨額のお金を、つぎのベンチャーのために投資する仕組みだ。つまり彼ら自身がベンチャーの出身だから、その技術内容、将来性、悩みなどを全部知り尽くしている。そのために、筋の良い発明や、筋の良い社長の能力などを見抜くことができるのだ。


たとえば、私が翻訳した（正確には翻訳しかけた）米国の著書『Valley Boy』には、こうしたベンチャー投資組合の非常に細かな作業や苦労が書かれている。著者は、トム・パーキンスという、レーザー光線のビジネスで大成功した人であり、その後数人でベンチャーキャピタル、KPMGを立ち上げた。（KPMGは現在でも活躍していて、日本法人までできている）トム・パーキンスは、立ち上げ当初は、いろんな発明に接しながら、投資を検討して成功してきた。

たとえば、あるエンジニアは、普通のバイクを、簡単にスノーモービルに変換する発明を思いついた。雪の多い米国北部では重宝されるはずだ。別の若者は、靴の修理屋だが、スニーカーの底が減ってきたときに、底だけを張り替える作業をネットで行うビジネスを思いついた。古いスニーカーに10ドル紙幣を貼り付けて送るだけだ。これなら、決して損が出ない。

つぎのようなエピソードはどうだろう。

２０００年頃の話だ。パーキンスは友人ロエルと一緒に有力な発明家を懸命に探していた。ある日、ロエルからロンドンに住んでいたパーキンスに電話がかかった。

「トム、もし音声も入った2時間のビデオを1枚のＩＣカードに録画できる発明家が現れた、と言ったらどうする？」

当時のＩＣカードは75キロバイトくらいだった。２時間のビデオだと数ギガバイトになる。

「そんなこと情報理論的にあり得ないよ」

「ところがあるんだ。この発明を使えば、いままで制作された映画がたった1枚の大型ディスクに入ってしまうんだ」

ロエルの話では、発明したのはオランダのヤン・スルートという男性で、いままでテレビの修理しかやってこなかったが、この発明を思いついて、ずっと試作をしてきた。それはルックアップテーブルを使うという方法だ。

「もし君にモナ・リザの絵を送るとすると、それをスキャンしてビットで送るのに、大量の容量と時間がかかるよね。でも、美術図鑑の75ページを見ろ、とだけ言えば、同じものをすぐに見ることができる。送信側は、リアルタイムの映像を受け取り、ルックアップテーブルにしたがって、非常に限定されたビットストリングを作り出す。次にこれを受信側にもってゆき、同じルックアップテーブルに従って、再生するのだ」

そこで、二人はエンジニアのチームを伴って、オランダの発明者の家に行き、試作を見ることになった。パーキンスもチームも、この試作機を徹底的に調べて、隠されたアンテナなどがないことを確認した。そしてパーキンスがランダムに選んだテレビの番組を送ることになった。

20分ほどの退屈な料理番組を、送信側の機械が読み取った。これだけでもICカードの容量を数千枚分も使っていたはずだ。つぎにこのICカードを再生側の装置に入れて、再生させた。すると、なんとお料理番組が、みごとに再生でき、早送りも、逆再生も可能だった。世紀の大発明だ。数十億ドルの価値になるだろう。

パーキンスはその場で大発明を事業化することをスルート氏に約束した。その場のすべての人たちは、この場にいることが夢のように感じ、興奮に包まれた。スルートの奥さんが、チョコレートケーキを運び、全員がお祝いのシャンペーンで祝った。スルート氏は、いままでの貧しい生活から、一挙に大富豪になることを約束され、夢を見るような表情を浮かべた。

パーキンスはその晩は、ロンドンの自宅に帰った。翌朝、パーキンスは、この事業化について、夜中に思いついたいろんなアイデアを伝えようとして、ロエルに電話した。すると、ロエルの方から叫び声があがった。

「死んだ！　スルートが昨日亡くなったんだ」

昨晩、パーティの直後、スルートは喜びのあまりに、床に昏倒し、そのまま亡くなってしまったという。パーキンスは、「悲しいけど、でも契約は有効だよね」と、なんとか事業化を成立させようとした。

ところが、この装置を動作させるには、短いコンパイラーが必要で、それが見つからないという。家族も、友人も、そのコンパイラーが入ったディスクがどこにあるのか、まったく知らなかった。スルートの家は、床から梁まですべてはがして捜索したが見つからない。リバースエンジニアリングもできなかった。

結局、このコンパイラーはどうしても発見できなかった。パーキンスは、あのパーティでスルートが浮かべた喜びの表情を思い出して、人間には数十年の努力が、たった一瞬の喜びで釣り合うことがあるのだ、と納得するしかなかった。

こうしたパーキンスのベンチャーを見つける努力が続き、多くの起業家が生み出された。

このようなベンチャー投資会社が、日本にはなかなか現れないのが、非常に惜しまれる。

ところで、この『Valley Boy』（シリコンバレーの快男児という意味）という作品だが、ある出版社から翻訳を依頼されて、私が翻訳を完成した。ところが、ゲラまでできた段階で、編集者がある外部の識者に読んでもらったところ、なぜかＮＧが出されてしまい、出版はキャンセルになってしまった。私は日本経済全体のために、非常に役立つと確信したのに、まったく惜しいことだと今でも思う。（キャンセルになった理由は、著者の半生があまりにも面白すぎて、嘘っぽいということだったのではないか、と思う。しかし著者は、この作品にはウソは一つも無いと、断言している）

（3）日本のベンチャー企業は権力により潰される

日本にも、もちろんいくつかの優秀なベンチャー発の企業は生まれた。その中でも、もっとも有名な企業はどこだろう。多くの人が思い出すのは、リクルートと、ライブドアではないだろうか。

リクルートは、ご存知のとおり、江副浩正氏が一代で8兆円のビジネスにまで育てた大成功のベンチャーだ。求人広告の会社としてスタートした。大学の3年の春に電話帳のような分厚い黄色の求人雑誌が送られてきたことを覚えておられる方も多いことだろう。企業の採用ニーズと、学生の就職ニーズをうまくマッチングさせたユニークなアイデアだった。しかし会社が大成功したことで、とんだ事件が勃発する。江副社長が、さらにこの会社を伸ばすために、政界の大物に、リクルート社の株の購入を勧めたことで、いわゆるリクルート事件が起きた。株を政界の大物にただで譲渡したのではなくて、「この株は将来は上がりますよ。出資してください」と言って、買ってもらったのである。

このことが、検察の逆鱗に触れた。これは政界への買収である、こんなことを許していては、世の中がおかしくなってしまう、と考えたらしい。江副社長は逮捕され、なんと14年間もの裁判になった。結局は、執行猶予付きの有罪となった。

ライブドアの堀江貴文氏にも、同様のことが起きた。彼は、非常に派手にメディアに登場しすぎたかもしれないが、検察には不快感を与えたようだ。彼も有価証券報告書に虚偽の内容を報告したという罪で、２年６か月の懲役が科せられた。

だが、これら2件は、結果からすると、若い人たちが起業しようとする勢いを、著しく削いだことになる。これが米国だったら、こうはならなかったことだろう。

日本の検察は、なぜこうも、いままでにない事業を起こそうとする若者に厳しい目を向けるのだろうか。

私は、結果からするならば、日本の検察が日本経済を飛躍させることに、非常に罪なことをしたと信じている。

有名なルース・ベネディクト著『菊と刀』は、日本文化の特徴を分かりやすく説いた不朽の名著と言われている。（この書は、対日戦争のために、米国政府が日本兵がどのような行動を取るのかを研究させた結果だ。著者は一度も日本に来たことがない）その一節に、こういう記述があったような記憶がある。日本人は、それぞれが、「その所を得るべし」と言う倫理に基づいて行動する、というのである。「その所」というのは、その人にふさわしい地位、という意味だ。この言葉のもともとの意味は、その人に相応しい地位で能力を発揮する、という意味だ。しかし『菊と刀』では、日本人が自分の地位、階級に相応しい仕事をするべきだ、という意味で使われている。つまり、貧乏な人が、突然、世の中の常識を破るようなやり方で、大儲けをすることは許されない、ということだろう。この感覚が、日本人には、まだ残っているような気がしてならない。

職場でも、エライ地位にある部長が、部下に怒鳴り散らしても構わない。しかしヒラの社員が、部長に対して、言動を改めよ、などと言ってはならない、ということだ。

こういうマインドが残っていては、日本はいつまでたっても、優秀なベンチャー企業を育てることはできないだろう。

（４）日本には米国のＤＡＲＰＡに相当するものが無い

米国には、ＤＡＲＰＡと呼ばれる組織がある。これは Defense Advanced Research Projects Agency（米国防総省・国防高等研究計画局）の略で、米国の国防予算７００億ドルのうち、陸海空軍に所属しない横断的な予算の4分の1である28億ドルを使うものだ。極めてハイリスクだがインパクトの大きい研究に特化している。この組織から、過去に数々の素晴らしい成果が生まれ、そこから優秀なベンチャー企業が誕生した。

その代表例は、「インターネット」「ノートパソコン」「GPS」である。ノートPCは、戦場で使える小型のパソコンをなんとかして作ろうと言うニーズから生まれた。インターネットは、従来のような中央集権型のシステムではなくて、分散されたシステムで情報処理ができるようにしたい、という要求から生まれた。

私は60年代、まだコンピュータ会社の新人のころに、このインターネットという技術を英語の論文で読んで、驚愕した記憶がある。当時、私のミッションは、競馬場の馬券端末から上がってくる膨大な情報を高速でリアルタイム処理するシステムの構築だった。通常の方法だと、どうしても待ち行列ができてしまうので、待ち行列の研究をやっていた。ところが、このインターネットを使うと、パケットと呼ばれる情報がネットワークの中をスルスルと通っていって、待ち行列が生じない。その最大のしかけは、「ルーター」と呼ばれる機械だった。

それがそんなにうまく行くものだろうか、と半信半疑だったが、この技術がどんどん整備されてゆき、80年代には会社の中で、すべてのプロジェクトはインターネットを使うべし、という指令が出るほどになった。

これほど画期的な技術は、通常の方法では到底生まれることはなかったことだろう。それが米国の、まったく常識外の予算と人材を集中させることで、生まれたのである。DARPAの成果は、それが生まれてから10年以内には、公開されない、という規則があり、一般の公開されたのは軍の内部での使用から10年経ってからだ。

一般に公開されてから、インターネットは瞬く間に全世界で使用されるようになった。その後、GPSのような画期的な技術もDARPAから生まれたのを見ると、日本にはこうした基盤がないことが惜しまれる。

(5) では日本の中小企業はどうするべきか

それでは、日本の中小企業は、今後どうしていくべきだろうか。小西美術工藝社の社長で、デービッド・アトキンソン氏という方がいる。日本語が日本人以上に上手な方だが、欧米のビジネスカルチャーを身に着けた方で、日本の現在の状態を非常に危惧している。

彼は、日本の中小企業は、企業規模があまりにも小さすぎて、生産性を高めることができないという。そういう中小企業が倒産しないように、政府はいろいろな保護策を施しているが、それがこうした、倒産すれすれの企業を増やしている。だから、見込みのないビジネス、将来性のあるビジネスへの転換ができない会社は、退場するべきだ、と彼は言う。

非常に冷酷なようだが、これが現実だ。前にも指摘したように、物まねだけのビジネスでは、もう今後は、新興国との競争には打ち勝つことができない。もっと時代の流れに沿ったビジネスへの転換を図るしかない。


私が米国に駐在したのが、いまから30年前だ。その頃、こういう記事が米国で掲載された。ある米国の町で、各種のパイプを作って繁盛していた企業があった。そこに中国の会社が乗り込んできて、同じ商品をいまの価格の3割で売り始めた。1割引きというのなら、なんとかやりようがあった。しかし、いきなり半分、3分の1の価格で販売されては、まったく手の施しようがなく、あっと言う間にその米国企業は倒産した。

中国の会社は、このように周到に準備して、狙える企業、狙える町を選んで、一挙に仕掛けて守りようのない状態でライバルを倒していくのだった。

その後、中国は、低賃金を道具に使って、どんどんと製造分野でビジネスを伸ばし、世界の工場になった。(一時は日本が担った役だ)では、米国企業と経済はこれにやられっぱなしになったか。そうではない。米国企業は、設計とか仕様作成だけを本国で実行し、製造その物を中国や台湾にやらせるようになった。中国は、そのような役割に甘んじずに、中身の開示を迫り、競争力のある商品を真似して販売するようになった。

アップルはいまも設計やデザインを本国で実施する。さらには、米国企業は、グーグルとか、アマゾン、など製造分野というよりは、ソフトウェアやビジネスモデルで儲けるようになった。その一方では、中国企業は賃金の高騰により、世界の工場の座をインドなどほかの新興国に奪われるようになっている。

こうしたトレンドの中で、日本の企業はどうあるべきか。また、なぜ米国企業はこのように強いのか。そのことをよく考える必要がある。

アトキンソン氏の言うように、過保護な日本の政策にも問題があるかもしれない。退場しなくても良いような、ビジネス転換をもっと推進するべきだろう。

それについては、日本の企業が圧倒的に、内向きで、グローバル化されていないことを改めて指摘したい。日本人は、あまりにも外国を知らなすぎる。もっと外国を知るべきだ。近年は、米国への留学生の数が激減している。そして、外国人人材の流入もひどく少ない。英語を話す人が少なすぎる。

ここには、日本の教育の在り方についても、大いに問題がある。つぎにはそれを見ていこう。

第三章　日本の教育制度の大問題

日本企業で、いろんな意見を戦わせて、アイデアを出し合うような企業風土がなかなかできないことが、企業と経済の沈滞化を招いている。それをつきつめていくと、教育の問題に行き当たるのだ。では、日本と米国、あるいは北欧とは、どのように教育のやり方が異なるのかを見ていこう。

私は、このことについては、専門家ではないが、次男を米国に帯同して、現地高校に入学させ、最終的には、米国の大学を卒業させた経験から、大いに学んだことをお話したい。

（1）挙手をしないことが最悪であること

次男は、日本の私立中学の2年になったところで、私の転勤に伴って、米国に渡った。現地では、この年齢だと公立の高校1年生に相当するので、そこに入学した。英語はほとんどできないし、また、日本の中学では、まったくパッとしない存在だったので、心配した。しかも、彼は当時は性格的に弱いところがあり、いじめの対象にもされていた。

現地の学校に入った。やはり当初は馴染めないようだったが、バスケットが好きだったので、それを通じて、友人ができたようだ。

1、2か月後に、参観日があって、親が担当の教師に呼び出された。担当の教師は女性で、英語が専門だ。面談の最初に言われた。「あなたのお子さんは、手を挙げません。これがもっとも大きな問題です」と。私は、次男が英語が分からないから答えが分からず、それで手を挙げないのかと思った。しかしそうではなかった。

「あなたのお子さんは、答えが分かっているのに、手を挙げないのです。教室ではこういう生徒が最悪です。たとえ答えが間違っていても、手を挙げて、答えることが、みんなにとってためになるのです」

そこで、帰宅してから、次男に聞いた。なぜ答えが分かっているのに、手を挙げないのかと。

すると次男は、こう答えた。

「教室にはメキシコ出身の生徒が沢山いるんだ。彼らは、どんどん手を挙げて、滅茶苦茶な答えを言うけど、僕にはそれはできない。だって、教室にはほかに日本人がいて、ああいう真似だけはしたくないな、と言いあっているんだもの」

つまり日本人の仲間から、仲間外れにされたくないので、手を挙げないというのだ。まさに同調圧力、過剰適応という、日本人の典型的な行動パターンである。このような行動をとると、米国人からは、悪くすると自分だけ情報を握っているとか、卑怯だとか、疑われてしまう。逆に、米国では、その場にいかに貢献するかがもっとも大切になる。

たとえば、米国に来て間もない女学生が、パーティに呼ばれるとする。そして仲間の会話の中に入ることができず、一人で黙って立っているとする。いきなり「では、あなたの国ではこれはどうなの?」と聞かれて、ますます立ち往生してしまう。こういう態度は、みんなに「貢献」していない、とみなされる。そういう時には、たとえば、みんなのために、オードブルを運んできて、どうぞ、というだけでも「貢献」になるのだ。

このように、教室の中で、先生の質問に対して、挙手をして発言することの大切さを、徹底的に小学校、中学校から教えられるのが、米国の特徴だ。

こうして育った米国人は、企業にはいってからも、積極的に挙手をする。たとえば、米国のホワイトハウスの記者会見では、大統領補佐官が説明の一区切りがつくと、数十名の記者ほとんど全員が手を挙げて質問する。

日本の記者会見では、質問者があらかじめ決められているようで、一人か二人しか挙手しない。企業の講演会でも、米国の聴衆は、質問のために手を挙げる。これが日本では大違いだ。私はワークライフバランスの本を書き、それについての講演をいままで30回くらいやってきた。必ず最後に、「では質問をお受けします」と言うが、ほとんどの場合は、シーンとしていて、誰も手を挙げない。主催者が困ってしまい、「では、私の方から質問します」などと言う。そうすると、次には一人か二人くらい手を挙げてくる。

聴衆の人たちは、エライ人も聞いている中で、つまらない質問で恥をかいては大変だ、と思っているに違いない。

最後に司会者が、「では質問も無い様ですので、これで終了とし、あとの懇親会でもご質問をお受けします」などと言って、講演は締めくくるのがほとんどだ。そして懇親会になると、個別に近寄ってきて、「先ほどは、貴重なお話をありがとうございました。ところで、……」と質問してくる人は多い。

こういうマインドを、ぜひとも変えていかないと、日本は世界に乗り遅れる。

（2）自分の意見を言う

米国で街頭でのＴＶ局レポーターからのインタビューを受けると、実にはきはきと自分の考えを述べる市民が多い。日本だと、新橋駅前あたりでインタビューしても、なにかあたりさわりのないことしか言えない人が多い。

米国の教育の良いところは、自分らしさをとにかく打ち出させようと言うところだ。さきほどの次男の例だが、こんなことがあった。次男は目立たない子だった。しかし日本人のクラスメートとはよく遊んでいた。その内に、ある日、突然、彼が前髪を脱色してしまった。そこだけ金髪になった。それを見た家内は、絶句した。こんな不良になってしまったのかと。私も会社から帰ってから驚愕した。これはまずいだろう。次男は、ヘラヘラと笑うだけだ。

数日して、教師との面談があった。さぞかし叱られるだろうと思った。ところが教師は、こういうのだ。

「あの金髪は良かったと思います。彼が初めて、自分らしさを主張することができましたから」

これには、またびっくりした。

つまり、自分だけの、自分らしさを出すことが米国では求められているのだ。

（3）幼児教育のときから

このことは、幼児教育のときから差として出てきている。日本の親は子供を育てるときに、何と言うだろうか。「人の迷惑になることをしてはいけません」とか「ほら、あの子を見てごらん、ちゃんとお行儀よくしているでしょう?」。つまり、日本の子供は、他人と同じことをするように、なんどもなんども言われて育つのだ。

それに対して、米国ではどうか。「人と違うことをやれ」、「おまえらしいことを考えろ」である。これでは、差が出てくるのは当たり前だろう。

さらに言語については、こんな差がある。このことは、外の誰も書いていないので特筆しておく。日本の親は、子どもがまだ2、3歳のころから、子どもに話しかけるときに、「よーちゃん、はい、まんまをたべまちょうね」のように、「あかちゃん言葉」を使う。ところが、米国人が幼児に話しかけるときを観察してみると、これが大違いだ。幼児にも、大人とまったく同じ英語を話しかけるのである。たとえば

Don't talk with your mouth full.（口にものを入れて話してはならない）

この構文は、日本語の高校の英語に出てくるもので、with は動詞の容態を表すものと教えられる。それを2歳の子供に使っているのである。こうして育つ米国の学生の弁論術は当然高まる。

（4）読書の大切さ

教育では有名なフィンランドでも、母国語は大切だ。（私はフィンランドに1年半ほど駐在したことがある）とくに小学校での教育がユニークだ。ここでは、すべて自分で考え、自分の独自性を出し、自立することが求められる。教師は、教えるよりも、考えさせることに重点を置く。その結果、卒業して会社に入ると、人々は自分で仕事をしようとする。もちろん、課題は与えられるのだが、それを実現する方法は、自分なりに考え、納期までに仕上げる。途中で、上司が進行状況などをチェックしようとすると、とても反発する。だから、この国の会社では、「ほうれんそう」はない。なかでも報告を求められることはない。

フィンランドでは、小学校教育がとくに重視される。人々の夢の職業は、小学校の先生になることだ。弁護士とか医者と同じレベルの社会的なステータスがある。それもその筈。これは難関だ。まず大学で教育学を学んだあと、大学院で学び、さらに資格を取るための面接がある。この面接では、グループミーティングなどで周囲との協調性などもチェックされる。（なお中学校、高校の教師はそれほどのステータスがない）

小学校の現場では、小人数のクラスでも、アシスタント教員が一人はつく。一人ひとりの生徒をしっかりと見て、落ちこぼれがないようにしている。

フィンランドでは、読書が非常に強調される。フィンランドは、年間で図書館で借りる本の数が一人あたり21冊と、世界一多い。たとえば、あるクラスでは、1冊の本を借りると、教室の中の壁に丸のワッペンを貼り、それが教室中をグルリと回るように外のクラスと競争をしている。

私の職場の友人は、会社から帰宅すると、食事の前にサウナに入るが、その時に必ず新聞を持ち込んで読む。フィンランドでは地方新聞が主体だ。そこで、自分が選んだ政党や、議員がちゃんと仕事をしているかを、いつもチェックしているという。これが、フィンランドの政界に汚職が少ないことの理由だし、消費税が高いのに、国民が国政にも満足している理由だ。

米国では「大人の英語」が書け、話せることが非常に重要視される。米国でも一流大学への入試はなかなか大変だが、その中でも、英語力が重要視される。大学への入学願書は、郵送で送るのだが、そのときにSATと呼ばれる全国学力テストの結果と一緒に、エッセイ、つまり小論文を添付することになっている。ここで志望者の英語力（国語力）が問われてくる。だから、高校では、生徒たちは、とにかく読書をしろ、と口を酸っぱくして言われる。Read, Read, Read と発破をかけられるのだ。

自然に大人の英語を書けるようになるのには、多読が一番だ。冠詞の the が良いのか、a がいいのか、それとも名詞を複数形にするのが良いのか、それは文法では教えきれない。自然に多読で覚えるしかない。

次のことも、日本人はほとんど知らないだろう。一般に日本の大学は入るのが大変だが、卒業は簡単だ。しかし米国の大学は、入るのは比較的簡単だが、卒業が難しい、と言われる。では、どのように卒業が難しいのか。それは、2年生から3年生に上がる時の審査が厳しい。その中でも、もっとも難関なのが、「英語」つまり、自国語なのである。多くの米国の学生は、この英語で合格しないために、大学から放り出される。（英語では、kick out される、という）それほどまでに、米国の大学生たちは、英語力を徹底的に鍛えられるのだ。

どおりで、米国企業に中途採用される人材が、どれもこれも、口がめっぽう達者なはずだ。

（5）言い負けない力

米国人は、意見の対立があったときに、容易には「言い負けない」。

こんなことがあった。私は子会社で技術部長をしていて、部下の一人は、米国のＩＴ業界のトレンドを調査することだけを仕事としていた。仮にジム君とする。

ある時、日本の本社から技術部長が視察にやってくることになった。そこで、現地の管理職の私は、技術部門をほぼ全員集めて、現状報告会をすることになった。（本社の部長はこちらの予算まで握っているので、強い立場だ）ところが、ジム君にも出席しろと言うと、「いやです」と言うのだ。「長時間の会議の中で、私の出番はあるかないか、です」。それも確かにそうだけど、エライ人が来るのだからと、納得させて当日は彼も出席した。

ひとりずつ、現状の報告をプレゼンしていった。本社の部長は、「フン、フン」と聞いている。

ところが、途中で部長が怒りだした。

「おい、そこの君。いま会議中に内職しているだろう！」

見ると、ジムが机のうえに軽量パソコンを置いて、なにやら仕事をしていた。ジムはケロッとして答えた。

「田中さんから、出席しろと言われたので出ましたが、私の出番まで時間がもったいないので、メールをやっていました」

部長は怒りが収まらない。

「いまは大事な会議中だよ。内職をするなど不謹慎だろう！」

するとジムはさらに言った。

「でも、日本のエライさんは、会議中によく居眠りをしているじゃないですか。私は、この会社のために、一生懸命仕事をしているんですよ」

これには、さすがの部長も二の句がつげなかった。たしかに日本人は会議中によく居眠りをしている。こんな働き方をしていては、ジムは5時に帰宅することができない。（そして奥さんに叱られてしまう）

それにしても、米国人の口達者ぶりには、驚いた。

（6）独自性

日本では、幼児の頃から、他人と同じようにするように教育される。たとえば、子どもがデパートでおもちゃを買ってほしいと泣き喚き、床で手足をバタバタとさせたとする。母親はびっくりして、「ヨシオちゃん、ほら、あの子を見てごらん。そんなことをしていませんよ」と言う。

米国では、子どもが人のまねをすると叱られる。「他人とは別のことをしろ」と教えられて育つのだ。これがその後、大きな差になって現れる。

米国では、独自性が求められるのだが、こんな例がある。これは嘘ではない。

ある年のハロウィーンのことだ。次男の通っている高校でも、それぞれが仮装して学校に来ることができた。

その年、次男が仰天したのは、なんと高校の校長先生（男性）が、バレエの衣裳であるチュチュを着てきたという。チュチュとは、パンツが丸見えくらいに短いスカートだ。これはいくらなんでも、可笑しすぎる。それを実際に見たかった。

私は、会社で、仮装大会があるというので、どんな仮装がよいかを考えた。部長だからと言って、それなりの形を作るのでは意味がない。そこで、思いついた。お相撲さんの恰好をしようと。そこで自宅に帰って、まずは白いジャージのパジャマを着て、家内の黒い帯をふんどしのように締め、あとマゲは、新聞紙を黒マジックで塗りつぶしてその形にしてみた。なんとか即席で形を作り、翌日の昼休みになったら、それをこっそりと身につけて、裸足で廊下を歩いて、会場に入った。「ああ、タックがお相撲だ！」という声が聞こえて、なんとか様になったことで安堵した。

次男が高校に行っているとき、科学の時間に学校からグループ研究をするように言われた。そのテーマは、学校の建物の屋上から卵を落として、それが割れないようにするための工夫だった。次男は、友人と一緒になって、籠の中にいろんな物を入れて試していた。

（7）ディベート力

米国の役員会で痛感したのは、英米人のディベート能力の高さだ。ディベート力とは、相手から攻撃されたら、それに言い返す能力だ。日本人は、この能力が非常に弱い。言論の府である日本の国会でも、大臣は役人の書いた答弁書を読み上げるだけ。自分のことばで、自分の信念に基づいて議論していない。

英国の国会ではどうか。与野党は、向き合う形で長椅子に座って、お互いに相手を見合いながら意見を述べあう。しかも、原稿など読まないで、1時間でも2時間でも議論をしている。頭の中で整理された文章が、自然に言葉として出てくる。

日本の議員の中で、唯一、海外クラスの答弁が出来たのは、亡くなった安倍首相だ。まさに原稿を見ずに、自分の言葉で話し、しかも答弁といいながらも、野党の議員に迫るような質問までしてみせた。（安倍さんは、あまりにも答弁がうまくて、自信があったので、つい余分なことまで言ってしまって、墓穴を掘ることもあったが。たとえば、モリトモ事件で、「私はそんなお金など一銭たりとももらっていませんよ。もしそうだったら、大臣どころか、議員まで辞職します」。これで野党は勢いづいてしまったことがあった）それから選挙が近づいたある日のＴＶ討論会で、安倍さんは自分の意見を述べていた。すると野党議員が、それを遮って反論した。安倍さんは、「ちょっと待って下さい。あなたは人の言うことを最後まで聞いてください。小学校のときに、人の言うことは最後まで聞きなさいと習いませんでしたか？」。こうして議論を自分の土俵に持ち込むのである。

さて、このような英米政治家、そして企業の幹部たちは、どうやってディベート能力を身に着けたのだろうか。それは生まれながらにして持つ能力なのか。

私は、これは教育の差だと思っている。彼らは、小学校の時から、自分の考えを堂々と述べることを教わっている。とくに高校、大学になると、相手の言ったことに反撃する能力まで教室で鍛えられる。

米国の大学では、こんな教育がされている。教授がクラスで一通りのことを話したあと、「来週の月曜日には、このことについて、議論をします。ついては、この本を1冊読んできて下さい。そして、内容をA君に発表してもらいます。そのほかのみんなは、A君に、ありとあらゆる厳しい質問をして下さい。良い質問をした人と、良い答弁をしたA君には、ポイントをあげます」。そして、教授はその次回のクラスでは、クラスのみんなのやり取りをずっと観察して、それぞれにポイントを記録していくのだ。

この方法だと、プレゼンして、答弁する学生も、それに対して厳しい質問をする学生も、同時にディベート能力を鍛えることができるのだ。この教授方法は「アタック・クエスチョン」と呼ばれる。こうして鍛えられた人材は、企業でも議論にはめっぽう強い。

そういう訓練を受けていない私は、実に情けなかった。あるとき、上司の副社長から、「タック（と私は呼ばれていた）、この件については日本はどうなっていますか?」と質問された。不意を突かれた私は、一瞬困った。知らなかった。それで「そのことは私は知りません」と答えた。

上司は、私の顔を覗き込んで、呆れたような表情をした。欧米の企業では、こういう場面で、

I don't know. だけ言うのは、「私は無能であります」と言ったに等しい。

こういう場面で、英米人ならどういうか。知らないことに答えるわけにはいかない。そこで、「その件は承知していません。しかし、ライバル会社はこういう技術を開発していて、そちらの方がいまや重要になっているのです」などと、質問をはぐらかし、議論を別の方にもっていってしまうのだ。こういうテクニックをもっているから、無能と烙印を押されることを回避することができる。

同じ I don't know. でも、次のような印象的なシーンがある。

米国から3、4名のマーケティング部門の社員が日本のパソコンの本部にやってきて、将来の製品造りを英語で議論したことがある。この大会議で、ある米国人が、日本の携帯電話開発の部長に、次のような質問をした。

「あなたは、携帯電話で今後ヒットするアプリはどんな物を想定していますか?」

日本側の部長は、海外経験のある男性だった。

「I don't know.」

その瞬間、会議場には驚きの声が漏れた。こんなに重要なことに「知らない」とは何事だ。しかし、次の瞬間に日本の部長はこう続けた。

「その理由はこうです。いままでの携帯電話で最大のヒットアプリをご存知ですか。それは、電話の待ち受け画面なのです。ことほど左様に、携帯のアプリというものは、まったく予想もつかないものが売れるのです」

この答には、米国人から一様に感嘆の声があがった。こういう対応がとれる人材は、海外にも通用する。（彼はその後、本社の副社長にまで昇進した）

企業では、外部のコンサルタントに依頼して、特殊な技術の最近のトレンドを説明してもらうことがある。コンサルタントは、しゃべるのが商売だから、なかなかうまい。最後に質疑になる。社員から、ときどき鋭い質問が出る。それに対して、コンサルタントは、まず「Good question! 良い質問ですね」と言って、それから何かを話す。実はその答えはこの人は知らないのだ。でもその一呼吸の間に、次の言葉を考えて話をする。

（8）ボランティア精神

米国では、ボランティア精神がとても重要視される。具体的には、社会にいかに「貢献」するか、である。米国の大学の入試は、基本的には書類選考だ。高校の成績（平均点）と、SATと呼ばれる全国学力試験の成績は、当然、書類として送るのだが、そのほかに重要なのが、エッセイという作文である。ここには、高校生活で、学業以外に自分がどんなことに情熱を燃やしてきたかを書くことになっている。とくに、クラブ活動でキャプテンをやった、というような活動が重視される。さらに、自分の能力が、大学に入ってから、どのようにクラスや大学全体に「貢献」できるかも、主張しなければいけない。私の次男の場合は、クラブ活動でキャプテンをやらなかったので、書くのに困ったが、学校のプールで、見張り役を務めたことを書いた。さらに、絵が好きで、美術クラブに入っていたので、この面で、大学でも「貢献」できる、と書いた。（こうして、なんとか大学入学が認められた）これほどまでに、米国では、「貢献」が重要視されるのである。

社会人になってからも、ボランティア活動は重要だ。たとえば、自分の町の消防隊に入って、消防士になるのも、地域への貢献活動だ。米国では、日本では考えにくいが、子どもたちの憧れの職業は、警察官と消防士なのだ。どちらも大変に危険な仕事なのだが、そのように社会の役に立つ仕事は、人々から尊敬されるので、希望者が多い。

このようなマインドは、小学校から大学に至るまで、学校教育で育成される。

第四章　日本の医療体制の大きな問題

（1）ホームドクター

日本の医療技術は、世界でもトップレベル、というのが常識だ。研究の分野では、お札の図柄になった野口英世博士や、北里柴三郎博士の、世界的な貢献は議論の余地がない。

その一方で、一般の私たちが受ける医療の質については、日本に居住する人なら、不満を持ちながらも、これでも仕方ないか、と受け入れることだろう。

たとえば、病院や近所のクリニックに行く。そうすると、そこには大勢の患者が、予約した時間を過ぎても、ずっと待たされている。10時に予約しても、実際に呼び出されるのは11時とかだ。医師も、これだけの患者を捌くのは、大変で、昼食を取るのは、おそらく1時を過ぎていることだろう。よく言われるように、2時間待って、5分の診察だ。医師も、患者も、これでは負担が大きすぎる。

では、米国や欧州ではどうか。近所のクリニックに行くと、ほぼ、予約した時刻に先生が診てくれる。しかも、1人あたり20分から30分も、じっくりと診察してくれる。医者はみんなとても親切だ。看護師さんたちも、患者を和ませるような、ジョークを言ったりしてくれる。あるとき、私がクリニックに行ったとき、40代の看護師さんが、「あら、素敵なネクタイですね」と言ってくれた。それは私も気にいっていたものだ。それ以来、そのネクタイばかり使うようになった。

どうして、日本と米国では、こんなに医療の現場が違うのだろう。それは、先にも述べたように、米国や欧州では、ホームドクター制度が根付いているからだ。患者は、ちょっと風邪をひいたくらいで、大病院に行くことできない。ホームドクターが、これは大病院でなければダメだと判断したときに、紹介状を書いてくれて、それで初めて大病院の専門医や、小さな専門のクリニックに行くことができる。

日本でも、最近になって、やっとその動きが出てきた。大病院では、紹介状がない場合は、大変高額な初診料を請求するのだ。でも、これは法律で決まっているのではない。

ホームドクターは、その人、その人の過去の病歴を把握し、どんな症状を訴えやすいのか、どんな薬が良く効くのか、その薬を投薬したあとの経緯を、すべて把握している。大病院に紹介したあとも、必ず、その結果はホームドクターにフィードバックされ、最終的にはホームドクターが医療方針を決めてくれるのだ。

このような体制がないと、どうなるのか。前述のような、大病院がヒマな老人のたまり場になって、本当に困った患者が2時間も待たされることが一つ。もう一つは、専門医が、無責任に「あなたの病気は、老化のせいです。治療方法はありません」などと宣告することが起きる。私は、これのひどい犠牲者になったことを、先に述べた。

医療というものは、その人ごとに、テイラーメイドされなければならない。たとえば、西洋医学より、漢方の方が良い場合には、漢方の処方がされるべきだ。

適切な医療というものは、その人の遺伝形質によって、大きく左右される。だから、医師は、患者の両親がどんな病気になりやすかったのか、どのように亡くなったのか、をよく把握しなければならない。

私は両親から、ものすごく大量の良い遺伝子と悪い遺伝子を受けた。父は、芸術家肌で、スタジオ写真館を経営し、生涯、写真を撮ることに情熱を燃やした。しかし経理については、まったくダメな人だった。健康管理も全くダメ。医者が嫌い。保険にも入らない。破天荒の人生を送り、71歳で、多発性脳梗塞で亡くなった。ひどい高血圧を放置した結果だ。しかし、骨は強くて、足は丈夫で、いつも歩いていた。

母は、生真面目で、経理の感覚があり、教育熱心で、三人の子供を全部、私立の大学に行かせた。その一方で美術も音楽も素養がゼロだった。父が亡くなった前後で、父が認知症のために、ひどい所業をするのに悩み、父の死後に、自分が乳がんを患った。父のことが、ひどいストレスになったことが、発症の原因と思われる。母も、72歳で、白血病で亡くなった。

そういう遺伝体質を持つ私は、それにそって、健康管理をしなければならない。私は、高血圧や、高コレステロールを恐れて、健康オタクのように管理し、ホームドクターの処方した薬を飲み続けて、すこぶる元気にしてきた。5年前に、家内に先立たれたときには、あまりのショックに打ちのめされたが、これに負けてはいけないと、仲間との交友、ウォーキング、ゴルフ、習い事、翻訳の仕事に、情熱を燃やし続けた。家内の死後も、それを乗りきることができた。

ところが、家内の死後、1年半後に、思いもかけず、大腸がんが発見された。ホームドクターでの定期健康診断で、大便に潜血反応が出た。医師と看護師がそれを見て、血相を変えた。すぐに大腸内視鏡検査を受けるように大病院に手続きを取ったのだ。私は自分の人生で、大便の潜血反応はいつものことなので、「そんなに大騒ぎすることないのに」と思っていた。ところが内視鏡の結果、大きなポリープが見つかり、大腸がんと診断された。やはり家内の死去にともなう精神的なストレスが、免疫力を大幅に削っていたのだろう。両親の遺伝的な体質もあったかもしれない。いずれにせよ、ホームドクターの早い対処で助かった。

入院手術となり大腸を5センチも切り取った。退院後は、半年間も抗がん剤を飲むように指示され、これはとても辛かった。手足の指がボロボロになり、素足では床を歩けないほど、歩行が痛かった。だが、その後も積極的な生活を続けたおかげで、3か月ごとの検査では、50項目もの血液検査はすべて正常。CTの所見も満点だ。通常、術後5年は要注意とされるが、すでに3年間も健康に過ごすことができたのだ。

これも、両親の遺伝子を念頭におき、ホームドクターと、大病院の主治医との連携で、良いとされることを、ひたすら続けてきた結果に他ならない。

私は、毎朝の1時間のウォーキングを欠かさない。私は水中ウォーキングのような、単純なことを繰り返すのがとても苦手だ。しかし朝のウォーキングは、携帯ラジオで、ニュースショーを聞きながら行うので、退屈を知らない。歩きながら、一人で笑ったり、「そりゃそうだ」などと独り言を言ったり、また、歌や口笛も（周囲に気遣いながら）行っているから、楽しい。この毎朝ウォーキングを、欠かさない大きな理由は、月に1回くらいの、旧街道ウォーキングで、みんなに迷惑をかけないように、歩き続けるための訓練だ。

（旧街道ウォーキングというのは、昔の会社のOB会仲間で始めたもので、江戸の五街道を踏破する、というものだ。東海道から始めて、中山道、日光街道、奥州街道、甲州街道を踏破し、1700キロも歩いたことになる。たいていは、1日20キロくらいを2泊か3泊で歩き、一度帰京してから、また、その地点から歩き始めるのだ。毎晩、温泉に入り、宴会をやるので、楽しくてやめられない）

最初、5年前、旧街道ウォーキングを始めた頃は、私は山に行く人ではないので、4、5人の仲間で街道を歩くと、すぐに疲れてしまい、最後尾から「休憩お願いしまーす」などと言っていた。それに、足の指にはまめができて、痛い。（当時は、痔もあったから、それも痛い。その後、手術で治ったが）でも、この毎朝ウォーキングで鍛えた結果、足が非常に丈夫になって、いまでは、仲間の中で一番足が強くなった。このことが、私の元気の源であることは疑いもない。

私がここで言いたいのは、日本の医療には、ホームドクター制度が不完全だ、ということだ。それを法律などにより、ぜひ根付かせてもらいたいと思う。

（2）日本の医者は権威主義

日本の医者は総じて権威主義であると思う。なぜそう思うかと言うと、米国の医者と、全然違うからだ。日本の医者は、「私は国家資格を持つ医者だ。あなたは患者だ。だから私の言うことを聞きなさい」という、上から目線の人が多い。米国の医者は、友達のように親し気に接してくれる。「私はサービス業に携わる人間です」、という感じだ。

そもそも日本の医者はなぜ白衣を着ているのだろう。それは看護師とか、検査士とは違う、一段高い人なのだ、という標章だろうか。そうする必要があるのだろうか。

米国の医師の多く、とくにクリニックの医師は、私服だ。（米国では病院でも、この頃は緑色のユニフォームを着ることが多い。血液で汚れるなどの心配がない精神科医は私服を着ている。その方が患者にリラックスしてもらえるためだ）

あるとき、日本の大病院で、若い医師が私服を着ていた。そして、ニコニコしながら私を迎えてくれた。この人は、絶対に米国の経験があると直感して、尋ねてみたところ、やはりそうだった。

日本の医者にセカンドオピニオンをもらうのは、なかなか勇気のいることだ。患者は、「あなたの診断はちょっと信頼できないので、外の医師にも聞いてみたいです」と言っているように思われないか、と心配する。でも、米国では、それが当たり前で、レントゲン、ＣＴ結果など、すべてのデータをそろえて手渡してくれる。そして「これはあなたのモノですよ」と言い添えてくれるのだ。日本でも、やっとこの頃、セカンドオピニオンを取ることが多くなってきたが、患者の心理的な負担はまだまだ重い。この医者のところにまた戻ってくると、気まずいのではないか、と思ってしまう。

第五章

なぜフィンランドは世界幸福度ランキングで７年連続世界一で、日本は51位と低いのか。

「国連持続可能な開発ソリューションネットワーク」（ＳＤＳＮ）という機関が、毎年「世界幸福度報告」を発表している。事実上、幸福度ランキング、と言えるだろう。

この２０２４年度ランキングで、フィンランドは世界一位と報告され、しかも過去7年連続して一位の座を維持している。上位には、デンマーク、スウェーデン、ノールウェイなどの北欧各国が常連に名を連ねる。日本は今年は51位と低いが、過去もおおむねこの辺りの位置に低迷している。

私は１９９６年から約1年半ほど、勤務地がフィンランドだったので、この国の様子をよく知っているし、友人も多いから、このランキングの結果はよく実感できる。米国の話からはそれるが、日本人の生き方を考えるために、しばらくこのテーマで話をしたい。

（1）世界幸福度ランキングとは何か？

そもそも、このランキングとは、どんな方法で評価されるのか。それは客観的に幸福度を評価するのではなく、その国の国民が、自分たちの人生を最悪が0、最高が10として、どのくらいなのかを、回答してもらうものだ。フィンランドはこれが平均で7・7くらい、日本は6・0くらいだ。

つまり、日本の国民は、アフガニスタンのような国家崩壊のような国ほどでないにしても、あまり幸福とは感じていない、ということになる。ちなみに、リッチな国とみなされる米国は23位だった。

（2）どんな点で、フィンランド人は自分たちが幸福だと感じるのか？

フィンランドは、世界地図を見ればわかるように、東にロシア、西にはスウェーデンと接していて、緯度が高くて、寒い国だ。歴史的には、100年間もロシアに征服されて、非常に辛い時期を過ごしたが、日露戦争で日本が勝利したことに勇気をもらい、ロシアに対して独立戦争をしかけて勝利した。この経験から、ロシアへの警戒心が非常に強く、西側各国との連携、とくに北欧各国との仲間意識がとても強い。自分たちだけでは、独立すら危ういので、いつも西側とのコミュニケーションを大切にしている。

フィンランドは、国土面積が広大だが人口は約550万人と少なく、森と湖が多い、美しい自然が残っている国だ。環境保護の意識も強い。そして教育熱心で、子どもたちを、国全体で育てようという姿勢がはっきりしている。

もしフィンランドという国が、まるで天国のように、何ひとつとして不安も、不足も、リスクもない国なら、国民はそれが当たり前と思い、あえて幸福だとは感じないことだろう。ロシアとの長い国境をもち、ウクライナのように、いつ戦車が侵入してくるか分からない不安を抱えていて、緯度が高いから、冬は辛い自然環境にあり、人口はわずか550万人という小さな経済だ。その中にあって、24％の消費税を払ってでも、子どもたちに十分な教育を授け、クリーンな政府を持ち、豊かな自然を維持し、自立した国を維持していることに、彼らは大きな幸福を感じているに違いない。

日本もフィンランドと同様に、ロシア、中国、北朝鮮という、やっかいな隣国を持ち、不安がある。それなのに、食料、エネルギー、軍備などが自立しておらず、少子化で将来が不透明な現状に、国民は不満と不安を抱えているものと思われる。

国家の自立について、もう少し説明しよう。私がフィンランドの子会社に駐在していた時のことだ。春先のある日、私はフィンランド人の人事部長と、会社の庭に立っていた。その時、彼は突然、こう言った。

「タックよ、いま、お腹にズーンとくる音が聞こえただろう。あれは、フィンランドの独立を祝う、戦艦からの祝砲なんだ」

この会社は首都のヘルシンキからは20キロくらいのところにあり、戦艦の祝砲が響いてくる。彼は引き続き言った。

「ロシアの占領下では、彼らは何一つとしてこの国のためになることはしなかった。一つだけ残した遺産と言えば、フィンランド人にウォッカ飲酒の習慣を植え付けたことだけだ」

たしかに、フィンランド人は、みんなお酒が好きだ。

「フィンランドは、ロシアの占領に対して独立戦争をしかけた。日本が日露戦争で勝ったことで勇気づけられたのだ。そして、『冬の戦争』といって、極寒の荒野の中を兵隊が戦い抜き、ついに独立を勝ち取ったのだ」

だから、フィンランドの独立記念日には、国民が大騒ぎする。

国がロシアに占領されることが、どれほど辛いことなのかを、私は当時は知らなかった。隣国のエストニアは、民族的にはフィンランドと同じで、言葉も非常に近い。そのエストニアに、一度私は観光で行ったことがある。エストニア人のシニア女性のガイドさんが、ロシア（ソ連）による占領の辛さを説明してくれた。

エストニアも、フィンランドと同様、工芸にすぐれた技術を持ち、また同様に教育に力を入れる国民だ。ところが、ソ連は、自分の支配下に入った国に対して、その国の独自の産業を認めず、エストニアにはネジを作るだけしか許してくれなかった。そのために、人間の一代で、そうした優れた産業は廃れてしまったという。ソ連としては、そうやって、ソ連から逃げ出せないようにするのが狙いだった。

さらに、エストニアでは国会の議員の過半数を、ロシア系住民が占めていて、今でもロシア人への厳しい政策が取れない、と、このガイドさんは、白髪をはげしく揺らしながら当時の私たちに訴えていた。そうなのだ。旧ソ連の国では、いまでもロシア系住民がたくさん国内に残っていて、そのことで一般国民はとても辛い思いをしている。（たとえばウズベキスタンやカザフスタンでは、いまでもロシア語が通用していて、国民はロシア語を学ばざるを得ない。文字はロシア語のアルファベットがいまも使用されていて、彼ら独自の文字はほとんど使われていない）

残留ロシア人のことが、フィンランド人に、領土返還交渉を断念させた。フィンランドには、ソ連に割譲された領土があった。カレリア地方という。ここは気候温暖な良い土地だ。しかしフィンランドはこの領土の返還をある時期に断念した。その理由は、返還されると、大量のロシア人の面倒をみなければならないことに気づいたからだ。このことは、日本の北方領土問題にも当てはまる。

さらに、今回のウクライナ戦争にもつながる。プーチンのように、昔の領土に残っているロシア人への救済ということを言い出すと、きりのない泥沼に落ち込んでしまう。だから、日本も北方領土問題など、さっさと放棄してしまえばよい、と個人的には思う。（これは北方領土にお墓などを持つ方には申し訳ないことだが）

フィンランドもソ連時代に、ロシアから、ひどい仕打ちを受けた。だからロシアへの憎しみは現在でも尋常ではない。今回のウクライナ侵攻についても、もう我慢ができないと、長年の中立政策を放棄してＮＡＴＯへの加入を申請した。

フィンランドは、こういう国家だ。必要だと思えば、思い切った行動を合意によって実行することができる。それが、フィンランド人の国家自立への自信になっている。首都ヘルシンキだけでなく、全国に、核シェルターが作られている。ヘルシンキの首都の地下は、巨大な駐車場になっているので、普段はそこに車を停めて、実に便利だが、一朝ことがあれば、核シェルターとして機能するという。（国民全員が入るだけのスペースが確保されている）こういうところは、日本も見習うべきではないだろうか。

(3) 消費税が24%と高いのに、なぜフィンランド人は幸福と感じるのか?

この消費税の税率の高さは、世界的にも、もっとも高いレベルだ。日本では10%の消費税にも、非常に強い不満があるのに、買い物のたびに24%も取られるのでは、さぞ重税感が強いのではないか、と一般には思われがちだ。

しかしフィンランドでは、この税金のおかげで、教育は大学まで無料だし、医療費も、失業保険料も、育児の費用もタダだ。フィンランド人にとっては、教育こそもっとも大切なものなので、非常に安心感がある。フィンランド人の若者は、大学に入ると、英国に留学することが多い。そこで英語を完璧に習うことができるからだ。一度、学生に質問したことがある。「君たちは英国に行くと、向こうの方が住みやすいと思わないのかい?」。すると彼らは異口同音に、「いえ、やはりフィンランドがいいです。英国は、ちょっと気晴らしにはいいですけど」。

なお、フィンランド人の学生は、EU各国に留学して取得した単位は、自国で卒業の単位として加算することができる。まことに合理的なシステムだ。

さらに、フィンランド人は、これだけ税金を取られたからには、政府が無駄な使い方をしていないか、非常に厳しく監視するし、政府もまた使途をガラス張りにしている。その結果、汚職などが非常に少ない。

フィンランドでは政治家は利権などでお金が儲かる仕事ではない。このように行政がガラス張りになっているので、それはできない。とくに地方議員はボランティア的な仕事だ。外の仕事をもちながら、市議会があるときだけ、その仕事をする。（日本も、このようになると良いと思う）

私がフィンランドで生活していたときにも、会社の仲間たちは午後3時になると帰宅し、夕方はゆっくりサウナに入りながら、新聞をじっくり読んでいた。彼らは、世界で一番、読書をする国民だ。年間に平均でも21冊の本を図書館で借りている。

私がフィンランドに赴任した直後のことだ。スーパーで買い物をしたら、レジ袋を出してくれない。（当時は日本ではレジ袋が無料だった）レジ袋は有料と分かったので、びっくりすると、レジ係の女性が、「Nothing comes for free. Right?」と美しい英語で話してくれた。つまり「世の中で、タダのものはありませんよ」ということだ。フィンランドでは環境保護のために、ビニールの袋を極力減らそうとしていた。

環境保護という面では、いろんなことがあったが、冬の時期、車を一時的に数分止めていると、エンジンを切らなければならなかった。

こうした努力の結果、フィンランドの空気は非常に澄んでいるし、湖も川も、きれいだった。彼らは、毎週末、近郊にある別荘に行き、サウナに入り、静かな湖で泳いだり、釣りを楽しむの

７年連続世界一で、日本は 51 位と低いのか。

だった。

第六章　日本人はなぜ英語が下手なのか

日本人が英語が下手なのは、数字を見るまでもない。感覚的にもそうだ。国際機関である国際語学教育機関（本部はスイス）の調査によると、日本人の英語力は２０１１年に世界11位だったものが、ズルズルと落ち込み、２０２３年にはなんと87位である。韓国49位、中国82位にすら抜かれている。

この英語に関しては、私は一応のプロだし、自分の親戚には英語ができる人は皆無で自分だけで覚えたのだし、また、現在は翻訳の通信教育の講師をやり、国家試験の採点までやっているので、一言を述べる資格があると思う。

（1）日本人が英語が下手な根本的な理由

なぜ英語がうまくないのかを、一言で言うならば、それは日本がかなりの経済大国であるため、と言えるだろう。

ある米国人と話しているとき、こう尋ねられた。「タック、二か国語を話せる人を英語でなんと言うか知っているかい?」「それはバイリンガルだろう」「うん、では三か国語は?」「うーん、トリリンガルだと思う」「そうだ。では、一か国語しか話せない人をなんと言うか?」。

これは困った。「うーん、分からないな」「答えは、アメリカーンだ。ハッ、ハッ、ハッ」。これはやられたが、それをしゃべった米国人は、恥じる様子もない。

そうだ。アメリカ人は超大国だから、別にドイツ語とか、日本語を勉強する必要がないのだ。これは世界を席巻したローマ人とか、ポルトガル人とか、モンゴル人も同じだったことだろう。

逆に、現在のフィンランドのような小国はどうか。彼らは、隣国との貿易や協調をしないと生き残っていけない。ビジネスをするのに、英語は不可欠だ。だから彼らは非常に熱心に英語を勉強する。アジアのシンガポール人についても同様だ。シンガポールの英語力は世界第2位である。

では日本は、このように経済力を持っているから、英語は不要か。とんでもない。いまやグローバル化された世界で、ビジネスをしていくためには、英語が必須だ。そのことに、日本の若い人も、大人も、気付いていない。あるいは、諦めている。

（2）英語を習得するにはどうすればよいか

英語を習得するには、どうすればいいのか。私は中学まで、英語にはほとんど触れたことがない。それが高校の時に、たまたま「英語会」というクラブに入って、そこで鍛えられたことで、英語力を身に着けた。ちょうど、野球部やサッカー部に入った高校生が、仲間の部員に負けないようにとか、レギュラーになるために、必死の努力をするのと同様、英語会では、激しく戦った。仲間に英語で言い負けると、悔しくて眠れなかった。そして、夏休みになると、仲間で町を歩き、外国人を見ると、必ず話しかける、という「外国人ハント」という訓練を自分達に課した。これはかなり効果があった。

話しかけられた外国人は、ほとんど１００％が、笑顔で相手をしてくれた。ある時、私は中央線の立川駅から電車に乗ったら、一団の米国の少年たちと一緒になり、英語で話をしているうちに、電車は降りるべき高円寺に着いた。しかし惜しいので、そのまま電車に乗り続けた。その事情を悟った少年たちは、高円寺を過ぎるときに、一斉に拍手をしてくれた。これは嬉しかった。

しかし、もっと一般的には、海外留学するのが良い。と言っても、海外留学すれば英語が必ず上達して、ネイティブのようになれる、というわけではない。なぜなら、日本人は、海外に出ると、日本人同士で固まって行動して、仲間同士は日本語を話してしまうので、上達しない。留学するのなら、その学校、その町に、一人も日本人がいないところを選ぶべきだ。また、ホームステイも効果があると思う。とにかく、一日中、英語のシャワーを浴びることが必要だ。

さらに、英語の本を多読することも、とても重要だ。書く英語が上手な人は、ほとんどが、英語の本の読書量が膨大だ。これは米国人にすら当てはまる。既述のとおり、米国の大学の2年から3年に上がるときに、不合格になるのは英語（つまり国語）の点数が足りないことが圧倒的に多い。米国人でも、子どものような英語しか書けない人をたまに見るが、こうした訓練を経ていないためだ。

つぎにお勧めなのが（これがもっとも大切だ）、英語のドラマを見ることだ。それも、字幕付きのものだ。

フィンランド人が英語がうまいのは、これが理由だと言われている。フィンランド、そして、北欧各国は、人口が少ないので、映画産業が育たず、ドラマは英国か米国で制作されたものが、テレビで放映される。これを国策により、字幕で子供たちに見せるのである。その結果、フィンランド人の英語の発音は素晴らしい。（たいていは、米語の発音になってしまうが）

以前、私がフィンランドに駐在した30年前には、フィンランド人の英語は、独特の、重ったるい発音が多かった。その理由は、学校の英語の先生たちが、ロシア語で育ったからだ。いまはそんなことはない。

ついでながら、ドイツ人の英語力も、世界10位とあまり自慢できない。その一つの理由は、ドイツもかなりの人口があるために、映画館で上映される米国製の映画が吹き替えされているからだという。

ここまで英語教育の話をしたが、さらに重要なことがある。それは、学校でいくら英語を勉強したとしても、現場ではそのままでは役に立たない、ということだ。

私は、前述のとおり、高校のクラブ活動で英語を身につけ、その勢いで、英語の国家試験・資格を取得しようと考えた。当時はまだ18歳だ。国家資格としては、日本では当時の運輸省が所管する「通訳案内士試験」しかなかった。ちょうど東京オリンピックの年だったので、ガイドの需要も多いだろうと、これを受けた。幸いにも合格することができ、18歳なら最年少記録だろうと思ったのだが、わずか5か月ほど遅く生まれた女性がその称号を勝ち取って、新聞に掲載されるチャンスを逸した。

その後、外国人の観光ガイドのアルバイトをやってお金を稼いだが、正直のところ、米国人の話す言葉がうまく聞き取れないことが多かった。

会社に入ってからは、英語を使うチャンスがほとんどなかった。そして前述のごとく、45歳になって、初めて渡米して、英語をビジネスで使うことになった。

そこで、愕然とした。米国人と一対一で話をするときには、相手の言っていることは理解できた。向こうもこちらのことを気遣ってくれるからだ。ところが、会議になると、状況は一変した。彼らは互いに必死になって議論する。仲間同士だから、スラングもオンパレードだ。そんな英語を日本人が分かるはずがない。呆然としていると、ふいに「おい、タック、これは日本ではどうなっているんだ?」と振られてくる。そもそも会話に入っていないので、どう答えてよいか分からず、「ウーン」としか言えない。

この状況を見て、米国人たちは思ったことだろう。「こいつは、日本では仕事ができたかもしれないが、こっちでは、自分の意見すら言えない。役立たない野郎だ」。

おそろしいのは、意味が分からないでいると、会議中に眠くなってしまうことだ。これではますますダメな人間の刻印を押されてしまう。

日本から海外に駐在で派遣されるビジネスマンは多い。しかし彼らは、この「現地人同士の英語の嵐」という洗礼を浴びて、一様にショックを受けることだろう。中には、現地人に馬鹿にされて、ノイローゼになってしまう人もいる。だが、これが現実だ。これをかいくぐらなければ、本当に役に立つ英語が身に着かない。

以上は、あまりにも悲惨な現実だ。でも、対策はあるのだ。昔はなかったが、現代では、メールというものがある。普段は、仲間同士で、英文メールのやり取りをしている筈だ。このメールでは、実際に会議で使われる英語表現がすべて出てくるはずだ。スラングすら使用される。だから、これをしっかりとチェックして、さらに分からないところは現地人に質問するなりしておけば、徐々に現地英語が身についてくるのだ。

さらに、私は、現地に行ってからでも、日本の語学教材を聞き続けることが大切だと思っている。いまは優れた語学教材が多い。毎月発行される雑誌形式で、ＣＤが付いているのもある。このＣＤを、車のカーステレオに入れて流しっぱなしにすれば、新しい表現も身につくはずだ。

実は、前述した、部下の解雇の時に、「その意見は聞き置きます。That's duly noted.」と瞬間的に出た表現は、このＣＤに入っていた表現だった。

このようにして、現場で通用する英語を、現場で覚えていけば、日本人の英語力も、徐々に上昇していくのではないだろうか。そこには、官庁の施策もあるし、テレビ局などのメディアの施策も、雑誌社、大学などの教育機関、留学斡旋会社、各企業の研修機関、などそれぞれのイニシアティブが必要になるだろう。

(3) 日本人はそもそもなぜ英語を習得しなければいけないのか

この質問は非常に重要であり、また今まで、この問いに対して真正面から答えた識者は少なかったように思う。これは、単に日本人の英語力が世界87位で格好が悪いというようなことではない。

私なりの答えは、次のようなものだ。

① 英語を身につけて世界を見る。

英語を身に着けることで、狭い日本だけの視野を、一挙に世界に広げることができる。若い人たちは、学生の時から、世界を見てほしい。

私はすでに述べたように、高校で英会話力を身に着けたあと、大学に入ってから、海外を見るチャンスを狙っていた。大学3年のときだ。キャンパス内で、こんな張り紙を見た。夏休みに欧州の企業で工場実習を受ける学生を募集している、というのだ。ＩＡＥＳＴＥ（イアエステ）という理系海外インターンシップの世界的な協会があって、学内の選抜に合格すると、ドイツの企業に実習ができる。「これだ！」と思った。すぐに応募して、英語とドイツ語のテストに合格した。

この年は、ドイツまで飛行機をチャーターして１２０名の学生が派遣されることになった。渡航費は当時で20万円だった。これをなんとか調達して、ついに夢の海外生活を送ることができた。

ドイツのマンハイムという都市の、ある機械工場に派遣された。この町には、日本だけでなく、欧州の各国から学生がたくさん集まって、実習をしていた。英国、フランス、オランダのような先進国だけでなく、ハンガリー、エジプトなどからも来ていて、彼らとは毎週ビヤホールで飲み会をやり、週末には近郊の町まで小旅行をした。ここで役立ったのは、もちろん英語だ。英語力のおかげで、世界中の学生たちと、政治や、人生や、恋愛のことまで話すことができたのは、素晴らしい経験だった。（ただし、学生主宰のダンスパーティでは、ついにダンスを申し込む勇気がなくて、壁の花？になってしまった）

この経験から、私はいつか、世界を目指すビジネスをしたいと念願し、それが45歳からの海外駐在に結び付いた。私と家内は、10年間の海外生活で、30か国への旅行をしたし、多くの外国人の友人を得ることができ、普通の日本人の10倍も豊かな人生を送ることができた、と感じた。（かと言って、海外で老後を過ごそうとは思わない。日本は暮らしやすい国だ）

このように、語学を身に着けることは、眼を世界に向けて、ひろい世界を経験することに役立つ。仮に海外駐在をしなかったとしても、外国人の友達を得ることは、大きな喜びだ。

いま、インバウンドで都内には、外国人が溢れている。私は、いつも飲み会の二次会には、新宿の「思い出横丁」に足を運ぶ。この極端に狭い路地裏にならぶ小さな飲み屋は、いまは半分以上が外国人だ。そういう人たちに、「ハーイ、ハウアーユー、どこから来たの？」と声をかけると、たちまちのうちに、彼らと友達になってしまい、人生の深い話まですることができる。私は10年ほど前の一時期、中国語にはまって勉強したので、中国人と話をするのも好きだ。

このように、語学を身に着けることは、結局は、人生を二倍にも、三倍にもリッチにすることができるのだ。

②　海外の社員と一緒に働く。

ダイバーシティとよく言われるようになった。いまや、企業は外国人を積極的に入れていくべきだ。そうしないと、それをやっている米国、中国、韓国に太刀打ちできない。

取締役に外国人を入れる会社も増えてきた。一般の社員も、これからは英語で仕事をすることになる。海外の社員とは、メールでやりとりするだけでなく、頻繁に電話会議やビデオ会議が開かれることになるだろう。

電話会議は、私もしばしば経験したが、これはなかなか難しい面がある。新しい話題を電話会議で取り上げるのは、かなり困難だ。新しい話題、難しい議題は、あらかじめメールベースで議論を詰めておき、最終的に結論を出すときに、電話会議が有効だ。

海外との電話会議を最初導入するときには、英語での会議にそもそも慣れていないメンバーが居て、たぶん混乱するだろう。

ただ、そのような英語に慣れていないメンバーも、こういう場面で冷や汗をかくことで、これは大変だ、なんとかしなければ、と、自分の力で、英語を勉強することになり、それがみんなのレベルを上げることになる。いずれにせよ、メールベースでの日々のコミュニケーションが絶対に必要だ。

③ 日本がグローバル化していく中で、外国のすぐれた学生を招く必要がある。

海外の若者たちは、日本を留学先に選んでくれるだろうか。OECDの調査では、日本は35か国中で、25位にとどまった。日本政府は海外からの留学生の目標数を30万人としているが、現在のところその半数すら達しておらず、しかも減少の傾向にある。

海外からの優秀な学生が集まらなければ、大学や、そのあと企業での、技術革新は望むことができない。米国が世界中から優秀な学生を集め、結果的には、GAFAMに代表されるような世界企業を産んでいることを考えると、留学生の招聘は非常に重要だ。

日本は、世界の若者を引き付ける要素を持っている。それはなんと言っても、安全性、民主主義、魅力のある日本の文化、などだが、とくに最近では、アニメや映画が全世界的に人々を引き付けている。

たとえば、私がつい最近、ウズベキスタンに旅行したときに、ある遺跡で、外国人の女性から声をかけられた。完全にイスラムの服装をしている。「日本の方ですか?」と、ほとんど完璧な発音だった。彼女は、実はトルコ人の学生だった。おそらく19歳くらいだろう。日本語での会話は弾んで、時間が経つのも忘れるほどだった。なぜ、こんなにも日本語がうまいのだろう。そう思って質問したところ、彼女はクスっと笑って、「名探偵コナンのおかげです」というのだ。たった一本のテレビのアニメ映画だけで、これほど日本語が上達するものなのだろうか。

この例のように、日本には、アニメという、大得意産業があり、それが世界の人たちから、日本が愛される元になっている。

しかし、だからと言って、それだけの理由で、日本に住んで、勉強をしたい、というところまではなかなかいかない。

その理由は、日本語のハードルが高いこと、そして、大学の授業が英語化されていないことだ。

日常会話は、意外にも3か月も住んでいて、日本人と接触していると、生活には困らないほど上達する。でも、学校の勉強では、教科書が日本語だったり、授業が日本語だと、なかなか厳しい。これが日本が留学先として嫌われる原因だ。

大学の授業を英語化する試みは、すでに始まっている。これは日本人学生にとってもメリットがある。海外留学しているのと同様の環境で勉強できるからだ。

④ 社長になるには、とくに英語力が必要だ。

たとえ小さな会社でも、海外法人の社長になるには、かなりのレベルの英語力が求められる。なぜなら、海外の企業はトップダウンで物事を決めるので（それが日本より欧米企業のスピードが速い原因だ）、一般の役員は、とにかく社長と面談して、自分がやりたいことを訴えにくるのだ。このとき、そういう現地の役員は、言いたいことを、ベラベラとすごいスピードで話す。ちょっと待って、というわけにいかない。

そして、最後に、「ＯＫですよね？」と言う。たとえば、自分の職場に、何かの専門職員を一人募集したい、とか、誰それは優秀なので、昇級させたい、とかの話だ。

社長はそれを一人で聞いていて、最後に「ＯＫ？」と聞かれたら、イエスか、ノーかを言うしかない。イエスと言えば、それで決まってしまうし、お金もかかる。もし採用が絡むのなら、何であいつだけが職員を増やせるのか、と別の役員が上訴してくる。

もしノーと言ったら、いままでの2倍も3倍も、大量の英語で説得しようとするだろう。どっちにしても、相手の言っているスラング混じりの英語を、理解していないと、大変なことになってしまうのだ。その場に通訳を置くわけにいかない。なにしろ、スピード経営が命なのだから。

というわけで、社長にもなろうとする日本人は、あらかじめ、相当の英語力を持っていないと、海外企業の社長は到底務まらないのである。これは、事業部長クラスでも同じだ。

⑤　心の叫びを言い合う仲になる。

英語だろうと日本語だろうと、組織の中で交わされる言葉のほとんどは、用件を伝えるためのものだ。

「いままで販売してきたA製品がライバルにやられている。このままではわが社はじり貧だ」

「だから新しいB製品を投入したい」

「しかし品質は大丈夫なのか」

「お客には、どう説明すればいいのか？　本当にライバルを打ち負かせるのか？」

などという議論が、日常的に行われている。こういう議論を、英語でこなせなければ、グローバル企業になれない。

ところが、言葉というものは、まったく別の機能がある。それは、人と人の間の信頼関係を作るという役目だ。

日本の多くの企業が、海外企業を買収するなどして、海外に出ていった。しかし、日本の企業は、海外事業で失敗して、撤退する事例がひどく多い。たとえばあの有名なソニーですら、80年代に「これからはハードだけでは儲からない、コンテンツを押さえなければならない」、と、（ソニーエンタテインメントを立ち上げて、）米国のコロンビアピクチャーズを膨大な投資金額で買収し、米国の映画（や音楽）コンテンツを自前で提供しようとした。しかし、その結果はご存知のとおり、現地の名うてのプロデューサーを会長にして、やりたい放題にさせた挙句、大失敗を喫した。その他の企業の海外進出でも、うまく行った例のほうが少ない。

私が調べた結果を整理すると、失敗した事例では、日本の本社が現地法人を自由にやらせ過ぎて暴走した場合と、本社がガチガチに現地法人を縛り過ぎて、現地人のやる気を失わせた場合が多い。つまりほどほどの距離で付き合うことができていない。（これを英語ではアームズレングス、つまり腕の長さで、密着もせず、突き放しもしない、という関係と言う）

それには、日本側が、現地の代表と、本当に腹をわって話せる信頼関係を築けるかどうか、がキーになる。

私の卑近な例をご紹介する。私がシリコンバレーの現地法人に出向を命じられたとき、現地と日本本社の関係はすさんだものだった。最初、日本側は、相手が天才技術屋揃いの優秀なスタートアップ企業だと期待していた。たしかに技術は凄いものがあった。単三電池2本で10時間も連続使用できるような、省電力ＰＣが売り物だった。ところが、彼らは、生産することについては、ほとんど素人で、在庫を持ちすぎたり、製造品質が悪かったり、商品を盗まれたり、散々だった。両方が相手を馬鹿にして、いつも喧嘩をしていた。

なかでも、米国の技術屋たちのトップである、副社長・技術部長のフェアバンクス氏は、天才肌で、プライドが高く、癇癪もちで、傲慢だった。彼は、生産だって米国の方がちゃんとうまくできると信じ込んでいた。でも、日本の技術屋と全然、話が通じておらず、いつもイライラしていた。

そんな中に私がこの会社に入っていった。ある日、私はどうしてもフェアバンクスと話をしなければならなくなり、彼の部屋に入った。話し合いは激論になってきた。私は、日本本社がフェアバンクスを尊敬してはいるが、生産については、任せてほしいと言っていることを、必死に説明した。フェアバンクスは、激高して、顔を真っ赤に染めて、大声でどなり始めた。もうガラス窓にひびが入るかと思うほどの、大声だ。私も負けてはいられない。言い返した。

こんなことを30分ほど続けただろうか。もう、これはダメだと思い、私は部屋から引き揚げた。これだけ説明しても、やはりだめだったかと、落胆していた。

翌日のことだ。このフェアバンクスの部屋の隣には、マイクという工務担当の副社長の部屋があった。そのマイクがフェアバンクスと朝、すれ違った。マイクは、「昨日はすごい激論をしていたね。部屋越しに聞こえたよ。タックとやっていたのかい?」。するとフェアバンクスは、「そうなんだ。でもあいつは、俺の言うことを初めてよく聞いてくれたよ」と言ったそうだ。

あれほど怒っていたのに、彼は自分の言うことを理解してくれたことを、肌で感じ取っていたのだ。これを機会に、日本と米国とは、だんだんと良い関係を築くことができるようになった。やはり、心の叫びを互いに言い合うことができなければ、信頼関係は出来てこない。

⑥　英語を話せることで、世界に飛躍するチャンスをつかめる。

いま小学生に、大きくなったら何になりたいか、と質問すると、社長になりたいという子供はほとんどいない。いまのランキングは男子だと①スポーツ選手、②研究者、③ゲームクリエータ、④ＩＴ関係、⑤建築家といったところ。女子だと①漫画家、②教員、③医師、④動物園・遊園地、⑤看護師、だそうだ。

宇宙飛行士になりたい、という子供はあまりいないみたいだが、ちょっと寂しい。辛い訓練というイメージがあるのだろうか。

私は宇宙飛行士になる夢をみた時期がある。それはなんと、60歳になったときだ。ＪＡＸＡが宇宙飛行士の募集をしているのを新聞で見つけた。応募の資格は

――18歳以上の日本人

――健康優良（持病がない）

――理工系の大学を卒業している

――英語力があり、外国人と対等に討論できる

――２００ｍ以上泳げる（帰還船が海水に着水したときのためだそうだ）

――国際会議で英語の論文を発表したことがある

――技術研究業務に2年以上携わっている

――マネージメントの経験がある

などの項目だ。私はそのすべての条件に適合していた。私は現役のときに、ニューラルネットワーク（ＡＩ）の研究に携わり、論文が国際会議で通り、フィンランドで英語で発表した経験があった。もちろん、この採用には若い人たちが合格するべきだ。でも、私は冬の真っ暗なフィンランドで、一人で越冬した経験もあるし、マネージメントもやってきた。若い隊員を統率する能力には自信があった。

そこで、とにかく応募しようと決心した。それには病院で健康診断を受けなければならず、当時で5万円ほどの費用が必要だった。そこで、念のために、JAXAに年齢制限が本当にないのか、電話でたしかめた。すると回答はこうだった。「当組織は、政府の外郭団体であり、58歳の定年制度がありますので、残念ながらお受けすることができません」。そうなら、そう書いておいてほしかった。これで諦めた。（その後、この募集の結果、日本で最初の宇宙飛行士候補に選抜されたのは、民間航空会社の現役パイロットなどの数名だったので、それはそれでよかったと思った）

ただ私のような年齢でも、語学の素養さえあれば、いくらでも世界に羽ばたくチャンスがあることは、世の中の若い人たちに知ってほしかった。

いまの小学生たちにも、ユーチューバーとかではなくて、海外に飛躍する仕事に夢を持ってほしい。（ただし、海外で活躍する、という仕事がうまく定義できないので、今のランキングに入らないのかもしれない）

第七章　少子化対策

（1）百人一首の奨励

これは日本が抱える超重要な問題だろう。この少子化対策はあのフィンランドですらうまく行っていない。ＥＵ全体でも、結婚する若者が減っている。先進国では、少子化するのは必然と言われている。ＥＵでも、合計特殊出生率を２・０まで上昇させることには、ほとんど諦めがあるようだ。

私は、少子化の根源的な原因は、結婚の数が減っていることだと思う。若い人たちが、結婚しようとしないのだ。

個人のレベルでは、私の思いつくことといえば、若い人達が出会いの機会をつくるように、シニアがもっと努力をするべきだと思う。たとえば、私が経営しているアパートには、９名の若い独身者が住んでいるが、彼らに月に一度くらいは、パーティを開いてみたい。というのは、私が住んでいたシリコンバレーのアパートでは月に一度の週末だけ、パーティが開催されていた。お昼の時間に、ちょっとしたお茶のパーティが開かれるのだ。

いまの私のアパートで、そんなことをやっても、迷惑顔をされるのは目に見えている。しかし、あえてそれを実施したら、なにかの変化が起きるのではないだろうか。

20年前、私が社長をしていた会社では、男女の社員が残業ばかりして、ロマンスが生まれにくかった。そこで、私は月に一度の第二水曜日夕方だけ、みんなが集まって飲む会を実施したことがある。これを「二水会」と名付けた。若い人たちは喜んで、おつまみを買い、ケーキを焼き、自分の家のお酒を持ち込んで、歓談してくれた。（ただしロマンスは生まれなかったようだった）これを我が家で実施してみたい。そういうことが世の中に広がってほしい。

個人レベルのこうした取り組みとは別に、いままでほとんど議論されていない少子化対策をここで提案したい。

このアイデアを思い付いたのは、私が「百人一首」を、改めて読み直したのがきっかけだ。私が子供のころには、お正月には必ず百人一首のかるた取りを家族で楽しんだ。母親が読み手になり、その流れるような調子に乗って、自分の好きな札を必死に取ったものだ。その時には感じなかったのだが、ずっと後年になり、リタイアしてから、あちこちの神社、仏閣を訪ねるようになり、また歴史小説を読むようになり、百人一首の知識が役に立った。たとえば、仲間と奈良をウォーキングしたときだ。仲間の一人が、「今日のウォーキングルートで奈良三山のうちの、天の香具山だけは見えなかったよね。明日の朝食の前に、天の香具山まで歩こうよ」と言い出した。宿からは30分もあれば行けそうだった。そこで、有志3人だけで朝食に間に合うように行くことにした。

ところが、実際にその近くまで行ってみると、驚いたことに、天の香具山を示す標識がまったくないのだ。まだ時間が早くて、歩く人もいない。

その時に、百人一首を思い出した。「春過ぎて　夏来にけらし　白妙の　ころもほすてふ天の香具山」。これは持統天皇の歌だ。衣を干すのが遠くから見えたのだから、そんなに山奥の筈がない、と考えた。そこへちょうどウォーキング仲間のシニア女性グループと会い、方向を教えてもらった。もう帰る時刻が来ている。ほとんど走るように山の道を行き、でも、結局はそこまで行くことができずに引き返した。

これは残念な結果だったが、子どもの頃の記憶がこのときに甦ったのは嬉しいことだった。その日、朝食を済ませて、その日の行き先に向かって、京阪電鉄に乗ったときに、遠くに天の香具山を見ることができた。

あるいは、ウォーキングで東北の多賀城を訪れた。「ちぎりきな　かたみに袖をしぼりつつ末の松山波越さじとは」は、この辺りに貞観地震で津波が押し寄せたことを背景にした歌であることを教えられた。

さらに東海道で、大津から大阪に向かって峠道を上るときには、「世に逢坂の関はゆるさじ」を思い出し、日経新聞に連載された安部龍太郎作の『ふりさけみれば』は、阿倍仲麻呂の「天の原　ふりさけ見れば春日なる」を思い起こさせる。

このように、百人一首は、日本人にとっての心のルーツである。そして人生を通じて、この教養は何度も役に立つのだ。これを子供たち、孫たちに引き継いでほしい。ところが、聞いてみると、孫たちは百人一首にほとんど興味を示さない。ほかの面白いゲームに熱中するからだ。

私は、百人一首（と、高校になったら「長恨歌」）は絶対に体の中に入れてほしい。そこで、来年の元旦の会（毎年我が家でやっている）では、必ず百人一首の競技をやるぞ、と宣言した。

さて、この百人一首の歌をずっと読み直してみると、実に恋の歌が多い。調べてみると、１００首のうちの43首が恋愛の歌だそうだ。

これほどまでに、この時代にあっては、恋が人生の最大のテーマだったのだ。現代の若者たちは、もっと恋愛にエネルギーを注いで良いのではないだろうか。現代の若者は、デートで喫茶店に入っても、自分のスマホに見入って、ゲームをしているらしい。

小中学校では、百人一首かるた取りの競技をもっと推進する。テレビでは、囲碁や将棋のテレビ放送と同様、百人一首の競技会を中継するようにしたらどうか。この競技は、囲碁、将棋が奥の深い競技であると同様、やれどもやれども尽きないほどの面白みがあるスポーツだと思う。

そして、私はメディアの関係者に考えてもらいたい。もっと恋愛を平安の時代のように、自由に、大らかに謳歌しても良いのではないのか。それには、ドラマ制作者の責任がある。

ＮＨＫの朝ドラのテーマ（すでに１００話を超えているらしいが）は、このところ、女性の自立をテーマにしたものが圧倒的に多いのではないだろうか。

「虎と翼」：女性初めての弁護士、判事になった話。主人公の女性は戦争未亡人で、一女をもうけたが、仕事のために、かなり家庭を犠牲にしている。これなど少子化には害しか与えない。

「カムカムエヴリバディ」：戦争未亡人が米国人と再婚して渡米する。子供が犠牲になっていて、一人娘は母親に恨みを持っている。

「舞いあがれ！」：初めて女性でパイロットになった話。家庭のことが描かれていない。

「ブギウギ」：戦後の暗い日本に、ブギウギの楽しい旋風を巻き起こした笠置シヅ子の物語だが、戦争未亡人の主人公は、その後独身を通し、子どもをかなり犠牲にしている。

その他、きりがないほどだ。あえてドラマにしてもらわなくても、現代の女性はすでに自立して、社会に出ているではないか。

大河ドラマの「光る君へ」は、まだ幼い娘が天皇のお嫁さんに差し出される。主人公の紫式部は好きでもないシニア男性と結婚する。

ロマンスのワクワク感も、結婚の幸福も、子供を授かる喜びもわきに追いやられたドラマばかりだとしたら、それらが少子化問題の解決に好影響を与えるはずもない。ドラマを作る人たちは、お願いだから、若い人たちに、もっと恋愛と結婚と家庭は素晴らしいものだということを示すドラマを作ってほしい。

(2) 少子化対策としてのシェアハウスの見直し

私は現代の都市生活で恋愛、結婚を増やすには、シェアハウスの利用が一番ではないか、と考える。前述した私が経営する小さなアパートは、9人の独身者が入居しているが(男女はおよそ半々だ)、誰一人として、表札に名前を出す人はいない。部屋の番号だけで、郵便物や荷物の受取をしている。その理由は明らかだ。個人情報の漏洩を非常に怖がっているためだ。とくに女性は、ストーカー行為を怖がる。これでは隣人とあいさつすることもできない。

このことは、私のアパートだけではないだろう。大都市圏の何十万ものアパート、マンションに住む人たちは、郵便受けやドアに自分の名前を出さない。これでは、隣の人とエレベータで会っても挨拶もできないではないか。本来なら、そして米国なら、そこに挨拶があり、そこから会話が生まれ、そこに恋が生まれるはずだ。

試みに、私は毎朝の散歩のときに、周囲に建っているアパートを片端から調べてみたのだが、部屋の番号札のところに、自分の名前を一人でも表示している例は、25軒のうちのただ1軒だけで、戸数にすると、約300戸のうちのただ1戸だけだった。戸建ての家では、100％が名前を表示している。都内のマンションでは、近所付き合いが嫌なので、マンションに住む、という人も多い。

だが、これは個人情報流出についての、行き過ぎた振る舞いだ。個人情報保護法が制定されてから、学校の同窓会とか、地域の自治会の名簿すら発行できなくなっている。（これはこの法律を間違って解釈しているのだが、世の中の空気はそうなってしまっている）もし表札を出すことが、それほど危険なことなら、戸建ての家の人は、それだけの被害に遭っているのだろうか。

とにかく、若い人たちの住む独身者用のアパートでは、表札を出さないから、お互いのコミュニケーションが生まれず、そのために、日本の都会ではロマンスが生まれにくい。ではどうするか。私はシェアハウスを今後の大きな流れにするべきだと思う。一つの戸建てや、マンションの部屋を3、4人の独身者（男女）がシェアして住むのである。こうすれば、お互いに身元がはっきりしているから、安心して会話することができるはずだ。3、4人のシェアハウスでは、相手が限られてしまう、という心配もあるが、それなら、4LDKのマンションを2つ合わせて、8人くらいのシェアハウスにすることも考えられる。

そして、そこに気の合う人がいなかったとしても、キッチン内での会話から、それぞれの友人を集めての合コンを設定する話も出てくるのではないだろうか。

このことを、国家的なレベルで推進していく。現在、大都市圏では、空き家になった物件がたくさんある。マンションでもそうだ。これをシェアハウスに適した形に改造するのだ。それには業者と国、自治体の協力が必要だ。シェアハウスは、入る人たちには、まず家賃がとても安くて済むメリットがある。電気代、水道代、通信費なども節約できる。シャワー、入浴、キッチンも、時間を決めてシェアするから、自然に会話が生まれるはずだ。

さらに大切なのは、このシェアハウスを舞台にした、ラブロマンスドラマを大量に作って放送することだ。コミックもそれを素材にしてほしい。こうして、国家レベルでシェアハウスを推進していけば、自然に結婚が増えるだろう。

実は、私の息子たちが独身でいるときには、とてもハラハラした。20代も後半になって、まだ決まった相手がいるようではないので、次男に言ったことがある。「そろそろ結婚の相手を見つけられないかい？」。

するとと、大手のメーカーに勤める次男は言った。「それは無理というものだよ。職場には女性がいないし、会社との通勤だけでは、相手なんか見つかる筈がないよ」。

これが実態だろう。幸いにも、次男の場合は、同期入社の男性たちがグループで合コンを設定するようになり、その中で、次男はとても良いお嫁さんをみつけることができた。次男が結婚すると、長男もそれに刺激されたのか、大学のゼミとクラブで面識のあった素晴らしい女性と結婚することができた。それぞれ、２人の子供ができて、私は４人の孫に恵まれた。

こういう現実の中で、ロマンスを増やすには、合コンもとても良いが、先に述べたような個人情報流出の恐怖から、隣人との付き合いを恐れることを、なんとか回避する手段が必要で、それにはシェアハウスが有効だと思う。ついでながら、シェアハウスで外国人と住むことで、英語とか、外国語を早く習得することも可能だ。シェアハウスのイメージを高めるために、大手のデベロッパーに、イメージの良い建物をどんどん作ってほしい。税制面での優遇措置も必要だろう。

さらに、パラサイト問題もある。男性が50歳にもなって、実家に住み続け、母親に食事、洗濯、掃除などの家事を全部やってもらっているケースが多いと聞く。これでは、男性に結婚への願望が生まれる筈がない。こういうケースを少なくするように、税制でのアメとムチが必要ではないだろうか？

第八章　米国流でも真似てはいけないこと

ここまで、米国流の良いところを解説してきた。だが、米国流がすべて夢のような理想ではない。米国人たちも、多くの悩みを抱えている。ここで、すこしだけ、米国流の中で真似してはいけないことを、述べておきたい。

①　銃砲類の所持

米国では憲法によって、銃で自分の身を守ることが保障されている。これだけ毎日のように、米国で銃による大量の殺人事件が起きていて、そのたびに銃の規制が議論されているのに、一向に規制する方向に進まない理由は何だろう。

それは、簡単に言うならば、ここまで国民に銃が普及してしまうと、普通の人が自分の身を守るために、どうしても銃を所有しなければならない、と率直に感じるからだ。これは、いまさら、どうしようもないことだ。世の中には、一度起きてしまうと後戻りがどうしてもできないことが多いが、これもその一つだ。覆水盆に返らず、と中国のことわざにある。

そして民主主義の最大の欠点である、ロビー活動がある。民主主義は、チャーチルが言うように、「人類が考えた最悪の方法だが、過去のすべての政治形態よりはましである」。ロビー活動とは、法律を決めるための議会の議員に対して、陳情を行うものだ。米国最大のロビー団体が、全米ライフル協会であり、かれらが、あらゆる銃への規制に反対してきた。

こうして、現在でも米国には人口の数より多い、４億丁もの銃が出回っているのだ。これを今後取り締まることは、ほとんど不可能と言われている。同様に、世界に広がってしまった核兵器も、今後、削減の方向に進むことはないだろう。一度核兵器を持ってしまった国は、それを手放そうとはしない。ライバルからいつ飛んでくるか、恫喝されるか分からないからだ。

日本は、治安が良い、安全な国として世界の尊敬を集めている。これを、今後もながく維持していきたい。

②　離婚の数

レストランの説明のところで、米国人はお喋りが好きで、レストランに行くのは、お喋りが目的だと書いた。

では、米国人の夫婦はみんな仲がよいのか。そんなことはない。米国では、若い時の恋の勢いで結婚はしてみたが、まったく性格が合わずに、離婚するケースが非常に多い。そういう夫婦は、レストランでも、きっと黙って食事をしているに違いない。

だが、米国では、そういう組み合わせの悪い夫婦を、さっさと離婚させる仕組みができている。そういうことを巧みに扱う弁護士が町にはウヨウヨしている。もちろん、前述のとおり、離婚にはお金がつきまとう。夫の方に責任を重く認定されると、夫は巨額の財産を妻に取られてしまう。

私の家内は、シリコンバレーにいるときに、あるサークルで中年の女性と交際することになったのだが、彼女はシリコンバレーの景色のよい高級住宅街に住み、毎月の仕送りを受け取り、実にリッチな生活をしていた。その理由は、離婚だという。

でも、米国では、離婚したあとに、再婚するケースも多い。私の会社の友人で、とても性格の良い人がいて、彼は再婚したのだが、相手もまた再婚だという。前の経験に凝りて、今回の再婚では、とても慎重に相手を選んだそうだ。二人とも、実に幸せそうに暮らしていた。

第九章──まとめとして、日本の大問題への提言

ここまで、日米文化比較の観点から、日本が抱える問題への分析を述べてきた。では、一体、これらの大問題へ、どうするべきなのか、私なりの提言を最後に述べたい。

(1) ジョブ雇用への大転換

① 終身雇用・年功序列制を廃し、ジョブ雇用(中途採用)に転換

② 各課長は、自分の事業の方向性を決め、それに合った人材を「自分で」採用する

③ ダメな人材は「課長、部長みずからが」部下を解雇する(At Will 契約に移行)

（2）エライ人がいばり過ぎない、もっと楽しい雰囲気の職場へ

日本の職場は堅苦しすぎる。私が初めて米国の会社に転勤になったときのことだ。隣の課の白人の秘書さんが、世話好きな人で、私が廊下を歩いていると、「ミスター・タナカ！　モアスマイル！」といつも注意された。東洋人はみんな怖い顔をして廊下を歩いているのだ。

そのように職場に笑顔を増やす努力を、みんなでやってはどうか。

朝いちばんにあったら、「お早うございます」だけでなく、「息子さんの風邪は良くなった？」とか、「先週末はどこにドライブしましたか？」など、なにかを語りかける。それを上司のほうから始めてはどうか？

①　すべての職場の会話は「敬語」に。すべて「～さん」と呼ぶ
②　上司を肩書で呼ばない
③　フリーアドレスにして、部課長もヒラも同じテーブルで
④　朝の挨拶で、スマイルと、一言を付け加える
⑤　男女格差をなくす

（3）ベンチャー企業の育成

米国がこれだけ経済的に豊かなのは、つぎつぎに新しいアイデアで起業する会社の中から、大発展を遂げる企業が生まれているからだ。ＧＡＦＡＭとかエヌヴィデア、テスラなどの企業はまだ生まれてから数年から数十年だ。こうした起業家たちを応援するベンチャーキャピタルが日本では圧倒的に少ない。ユニクロとかの成功した企業家たちは、会社を売却して、ベンチャーキャピタルに転じたらどうだろう。

そして、模倣ばかりしているゾンビ企業は、退場してもらったらどうか。これらの模倣する中小企業を援助する国の政策を見直すべきだ。

①　モノマネ中小企業は退場（新興国に早晩負ける）
②　ベンチャーキャピタル（投資組合）を増やす
③　権力は、新しい芽をつぶさない
④　日本版ＤＡＲＰＡを作る

（4）教育制度改革

①挙手する小学校教育
②自分の意見を堂々と述べる
③読書量を競わせる
④大学でも国語と英語を。不合格者は3年進学で退学
⑤ディベート能力の教育（アタック・クエスチョン）
⑥社会に貢献するマインド

（5）医療制度改革

法律で、「かかりつけ医」を必ず持つように制定してはどうか？　これは英国ではすでに実施されている。すでに述べたように、内科だろうが、外科だろうが、皮膚科、整形、眼科、精神科などあらゆる科目はまずはかかりつけ医で見てもらい、そこから適宜、専門医や大病院に紹介される。それらの紹介された医療機関では、必ず診察、治療の結果をかかりつけ医にフィードバックするのである。

① ホームドクター制度をしっかり根付かせる
② 日本の医者の権威主義を修正

(6) 英語教育の改革

① 海外ドラマ・洋画はすべて字幕へ
② 日本人のいない町に留学
③ メールを活用して外国人と働く
④ 心の叫びを言い合う仲に
⑤ 小学生たちに世界に羽ばたく夢を

(7) 少子化対策

百人一首をもっと普及させて、恋のすばらしさを若い人たちに理解してもらう。そして男女の出会いを作るシェアハウスを中心とした都市造りを、国家的な規模で推進する。メディアも、これを後押しするように、恋愛、結婚、出産を賛美するようなドラマを作る。（もういまさら女性の自立を賛美するドラマは止めにする）

① 百人一首の見直し

② シェアハウスの見直しと、ドラマ化

（8） 幸福度ランキングをあげるには？

フィンランドが7年連続で世界第一位ということは、ちょっとやそっとのことではない。日本も、ロシアや中国という巨大な権威主義の国の傍にいるから、フィンランド国民と同様の不安を抱えている。そしてロシアにはひどい目にあわされてきた。（日清戦争、日中戦争、第二次大戦など、結果からすると日本は大陸にひどい侵略をしたように見えるが、それらはすべて、ロシアという国からの圧迫が遠因だ）

この東アジアの難しい地域にあって、フィンランド国民と同じような幸福感を味わうには、自国の安全、環境、経済に先の見通しをつけて、よく読書をして、新聞を読み、政府の行いをいつもチェックして、悪い政治家を落選させることが必要だ。原発の汚染物処理にも決着をつけ、核シェルターを準備する。核物質の処理は、汚染物質をいずれは宇宙空間に飛ばせば済むものだから、中間貯蔵処理だけを考えればよいはずだ。

いまインバウンドの観光客が３５００万人になろうとしている。日本人のやり方は、世界の国からも尊敬されるところが多い。本書では、もっと米国式を取り入れようと重ねて述べてきたが、もちろん、日本流の良いところも意識するべきで、それのためにこそ、外国を知らなければならない。

本書がそのための少しでもお手伝いになれば嬉しい。

あとがき

本書を書き始めたときの動機は、日本という、この愛すべき素晴らしい国が、今後どんどん衰退して行き、50年後には人口が18パーセントも減り、それにつれて国民の気力も失われていく、というような淋しい話が行き交っているのに対して、私のレベルでも、何かできることがあるのではないか、と思ったことだ。

私が60年前、学生の頃に、ドイツに海外インターンシップで行った時のことを、すでに書いた。あの時に、「英国病」という言葉が流行していた。かつての大英帝国が、さまざまな「病気」にかかって、ストライキばかりの酷い国になりかかっていた。当時、ドイツで一緒に実習していた英国人の学生からも、「日本はいいよなあ、元気があって」と、うらやましがられていた。それが、サッチャーという剛腕な政治家の登場で、見事に生き返ったことを、いまの日本人は記憶している。

現在の英国は、大英帝国ではないにしろ、欧州の中心的な経済国としても、ＩＴの先進国としても、そして緑豊かで、歴史溢れる観光の国としても、尊敬されている国だ。人口減少だけで、くよくよしていてはいけない。

そこで、私は日本が再生するためには、どんなことが必要なのかを、書き始めた。労働慣習が大きなネックになっていることは明らかだ。そこで、ジョブ雇用とか、終身雇用の見直しとかを、私の経験を含めて書いていった。

すると、思いもかけずに、私の米国時代の、とても細かな想い出が、つぎつぎに、脳の襞の奥から蘇ってきた。たとえば、雇用に関係ないが、職場の仲間のアメリカ人がしゃべるときの、真っ白な歯が見えて、その歯と歯の隙間が、まことに美しく掃除されていることに仰天したことを覚えている。彼らは、徹底的にフロスをしている。

そんなことが、つぎつぎに思い出されて、私の筆は途中から止まらなくなった。ドイツで実習したときに、英語には自信があったが、学生のダンスパーティで（なんと古城で開催された）、肩を大胆にあけたドレスの、女学生の真っ白な肌に魅了されながら、なんとか踊ってほしいと思いつつ、ついに一度も踊れなかったときのくやしさまで思い出してしまった。

しかし、それでも、現代の若い人たちには、語学をしっかりと身につけて、海外の素晴らしいところを、その目で見て、世界で羽ばたくことを夢見てほしい。

私の叔父は94歳で亡くなった。とても人柄の良い叔父さんだった。お葬式のときには、多くの家族に見守られた。棺を霊きゅう車に移すときに、葬儀屋の男性が、「皆様のなかから男性の方、8人様に棺を運んで頂きます」と言った。私もすぐに手を挙げた。一人、数が足りない。するとお孫さんの一人の女性が、「私でもいいでしょうか？」と手を挙げた。当時、20歳くらいだった。

「もちろんです」ということで、彼女も棺を担いだ。

その元気な彼女は、その後、フィンランド人の男性と知り合って、結婚して、現在はフィンランドに在住だ。

そのように、みずから行動を起こすような若い人に支えられて、日本はますます元気になってほしい。

◆別添：日本語の中に溶け込んだ英語の例

語の上の＊は直前の語の関連語であることを示す。

【ビジネス用語】

アカウンタビリティ
「説明責任」と訳されるが、英語ではもっと広い「責任」。さらにその責任を全うするための能力のことまで含む。

アクセス
接近。なにかの目的地に到達すること。お店への道を示すのによく使われる。

アプローチ
目的に至る方法、道。

アップデートする
更新する。最新のものにする、の意味で使う。

アントレプレニュア
起業家。

イニシアティブ
新しい計画。日本でもこの用語がカッコいいので、よく使用されるようになった。主導権の意で用いられることも多い。

イノベーション
技術革新。全く新しい技術ややり方を起こすこと。

エビデンス
証拠。たとえば上司がパワハラをしたときに証拠を集めるときに、エビデンスを集めるという。証拠だと、いかにも裁判沙汰だが、エビデンスだとそれが和らげられる。

エンゲージメント
従業員エンゲージメント、とは社員がどれだけ一生懸命に取り組んでいるか、ということ。

オファーする
提供する。仕事をオファーする、とは仕事の機会を提示すること。

オンサイト、オフサイト
サイトとは場所のことだが、オンサイトというと現場で、とか、自社の施設の中で、という意味。オフサイトはその逆。

ケミストリー
化学現象。転じて、ある人とある人が、織りなす良い雰囲気、相性。

好奇心ドリブン
好奇心だけで行動を促す。

コミットする
結果を約束する。しかしもっと広く、覚悟する、身を投ずる、の意味も。

コンセンサス
合意する。あえてコンセンサスというのは、社内などで意見のまとめが困難なときに、やっとそれが取れた時の感じをよく表す。

コンテンツ
内容物、目次。しかしウェブ上では、小説、娯楽、ゲームなどの作品その物を包括的に意味するようになっている。

コンプライアンス
法令順守。実例：法律だけでなく、社内規定や社会常識にはずれた行為を、コンプラ無視などと言う。

シンギュラリティ　技術的特異点。

スタグネーション　景気停滞。

＊スタグフレーション　右記にインフレが重なったもの。

ストラテジスト　戦略を立てる専門家。

センシティブな　敏感な。転じて、触れられたくない、の意味。ビジネスでは取り扱いに注意を要する、の意味にも。

チェックリスト　項目リスト。旅行の前にもっていく物のリストを作ったりする。実に便利な言葉。

チューニングする　調整する。

ディテール　細部。物事の成功には、ディテールがしっかり押さえられていることが大切、というように使用される。

テクスチャー　物の手触り、質感。しかしもっと広く、風合のような意味でも使われる。

デファクト　事実上の標準。

ヒューマンファクター　人間的な要因。

ナラティブ　物語、語り。ナラティブアプローチなどのように、相手の立場に立つ話術の意味で使用される。

パフォーマンス
演技。やる振りをするだけの意味も。能力や効率を指すことも多い。

パラノイア
偏執狂。インテルのＣＥＯがパラノイアしか生き残れないと言ったことから流行。

プライオリティ
優先度。優先席のような意味もある。

フレームワーク
枠組みに近い。

ポリシー
方針。ある組織の中の、経営方針など。コンビニ店で、店内で飲食を許可するかどうか、は店主のポリシーがかかわる。

マインドセット
基本的な考え方。

マスト
必須のモノ。

モチベーション
動機付け。やる気。

ライセンス
資格。

リスキリング
転職などのために、新しい世の中に必要な技術を学ぶこと。

リソース
資源。人材、資金など、広い意味で使用される。

レガシーシステム
古い、伝統のあるシステム。新技術導入に際して、これを維持することが求められることが多い。

【ジェンダー用語】

LGBTQ
レズビアン、ゲイ、バイセクシャル、トランスジェンダー、クイア／クエスチョニングの略で、性的少数者のこと。日本では頭の古いおじさん達が、そんなこと許さん、と息巻く。

＊セクシャルオリエンテーション
性的指向、これも多くの場面で用いられる言葉。

ジェンダー
社会的性別。ジェンダーフリーなど、性という言葉を使いやすくした。

トランスジェンダー
出生時に割り当てられた性別と性自認が一致しない人のこと。性同一性の不一致を包括的に指す言葉。

ジェンダートランジション
性別移行。当事者にとっては「性別を変えること」ではなく「自認する（本来の）性別に移行すること」という認識であるという見方から、昨今では「性転換」ではなく「性別移行」を用いるようになりつつある。

【社会用語（全般）】

カーボンニュートラル
二酸化炭素の排出と吸収がプラマイゼロであること。

サステナビリティ　持続可能性。そのやり方がムダなゴミ、熱、炭素などを有害なものを吐き出すことなく、ずっと存続できる、ということ。

ソーシャルインクルージョン　社会的包摂。社会的にすべての人を包み込み共生していくこと。

＊マイノリティ　社会の少数派。

ダイバーシティ　多様性。今の日本のビジネス界ではとくに女性や外国人を取り入れる際に用いられることも多い。

ディストピア　反理想郷、理想とは真逆の悲惨な社会。ユートピアの反対。

パンデミック　世界的な疫病。

ヘイトスピーチ　攻撃的言説。特定の個人やグループを激しく非難すること。

フェイク、フェイクニュース　事実に反するニセ情報。トランプが言い出したときはなんだと思ったがいまは当たり前に。

モビリティ社会　人が移動することを前提とした社会。

【社会用語（個人）】

アイデンティティ　自分が何者であるかを自覚すること。これを正しく反映した日本語は存在しない。

インフルエンサー
世の中にないものを流行させる媒介を担う人。

エンパシー
共感。エンパシーの無い人、とは他人の気持ちを思いやることができない人のこと。

＊シンパシー
同情。シンパシーを感じる、は誰かの気持ちに共感すること。

カミングアウト
個人の秘密を自ら公言すること。世間に対して性的指向などの秘密を公表する。他者が暴露するのは、アウティングという。

ストーカー
日本語には存在しない便利な言葉。特定の対象人物に悪質に付きまとうこと。

トラウマ
心的外傷。大きな事故や事件に巻き込まれて、そのことが心の傷になって、その後の人生で繰り返し、人を苦しめる。

＊フラッシュバック
再体験現象。大きな事故や事件に遭遇した人が、その後の人生で、その時のことを意図せずに頭脳の中で再現させてしまうこと。

プレッシャー
重圧。会社の大会議で上司の意見には反論できない雰囲気が漂う。これが日本的な重圧だ。

ネグレクト
無視する。無視していじめる。

【一般用語】

アスリート　運動選手。

＊ランナーズハイ　ランニングしているうちに、脳内物質が出ることで、苦しさを忘れ、陶酔感が生まれる。

ヴィンテージワイン　年代物のワイン。この頃、古くて味のあるマンションのことを、ヴィンテージマンションと言ったりする。

エンターテインメント　エンタメと略される。娯楽、娯楽番組。

キャンパスライフ　大学生活。キャンパスは本来は大学の敷地のことだが。

シェアする　共有する。情報をシェアする、とは情報を教えること。シェアハウスは、一戸建ての家を3、4人で共有すること。

スルーする　無視する。和製英語であり英語ではignoreと言う。しかし若者にはよく使われる。「既読スルー」などと言う、怖い言葉もある。

セレブ　セレブリティの省略形。富裕層と有名人のあわさったような、羨望のニュアンスがある。

＊ラグジュアリー　豪華。もっと煌びやかな意味でつかわれる。

デブリ　破片、がれき。日本では、核燃料デブリの語がよく知られる。

ネガティブな
マイナスの意味を与える。日本語にはこれに相当する語がみつけにくい。

バーチャルの
仮想の、疑似的な。仮想現実のように、ディジタルの世界で、実際の物と同じような物を作りあげることを意味する。バーチャルアイドルなどもネット世界に登場。仮想通貨は、バーチャルを通り越して、現実の通貨のような存在だ。

バズる
英語の流行語を意味するbuzz wordから転じている。一つのことに世の中が注目して、ネットで騒ぐ。

パンツ
以前は、日本では男女ともズボンと言っていた。それが近年では、英語に影響されてズボンを「パンツ」と呼ぶようになった。女性のフォーマルな服装で、上をジャケット、下をパンツにするのを「パンツスーツ」と呼ぶ。日本ではいまでも下着のボトムスを「パンツ」と呼ぶので、下着か上着か、とてもややこしい。これを「パンツパンツ問題」と呼ぶらしい。

ボキャブラリー
語彙。ボキャ貧などと使う。

ライブ
ミュージシャンがナマの演奏をするコンサート。

レジェンド　伝説的な偉人。
リスペクトする　尊敬。リスペクトが足らないとか。

【日本語化して省略形を産んだ用語】

コンビニ　コンビニエンス・ストアから。
スマホ　スマート・フォンから。
ラジカセ　カセット付きのラジオ、ただしこれは日本で生まれた機器。今は死語だが。
リストラ　リストラクチャリングから。もともとは組織の再構成の意味だったが、日本では人員整理の意味だけに使われる。
コスパ　コストパフォーマンス。値段の割に性能が良いときに、コスパが良い、と言われる。
タイパ　タイムパフォーマンス。短い時間でより高いパフォーマンスが得られることをタイパが良い、と言われる。タイパの良いバイト、など。Z世代で使用される。
プレハブ　pre-fabricated house から。生産性の良い工場でユニットを製造して、現場で組み上げる住宅。以前は安い住宅のイメージがあったが、現在では高級な住宅までこれを採用している。

田中　健彦（たなか たけひこ）

1945年山梨県生まれ。1968年、慶応義塾大学工学部計測工学科卒業。同年、富士通株式会社入社、小型コンピュータ開発に従事。1992年、米国富士通パーソナルシステムズ勤務。1996年、フィンランド富士通コンピューターズ・ヨーロッパ副社長。1999年、ドイツ富士通シーメンス・コンピューターズ副社長。2002年、国内の富士通パソコンシステムズ社長。2005年、退社後、著作家、翻訳家。
著作:『フィンランド流　社長も社員も6時に帰る仕事術』（青春出版社）、『6時だよ　全員退社！　生産性を上げる黄金ルール』（日本経済新聞出版社）など。
訳書：ウィーフリング『土壇場プロジェクト　成功の方程式』、ボーモル他『良い資本主義　悪い資本主義』、バロー他『宗教の経済学』など。

レイオフ　日本を救う人材流動性

2024年12月19日　第1刷発行

著　者　　田中健彦

発行人　　大杉　剛
発行所　　株式会社 風詠社
〒553-0001　大阪市福島区海老江5-2-2 大拓ビル5 - 7階
TEL 06（6136）8657　https://fueisha.com/
発売元　　株式会社 星雲社（共同出版社・流通責任出版社）
〒112-0005　東京都文京区水道1-3-30
TEL 03（3868）3275
印刷・製本　シナノ印刷株式会社

ISBN978-4-434-35089-4 C0036